新集 知の銀河系 図書館情報大学講演録

1 図書館の現在

編集：筑波大学大学院図書館情報メディア研究科
日本図書館協会

日本図書館協会

The Galaxy of Knowledge
1

Library Today

図書館の現在　／　筑波大学大学院図書館情報メディア研究科，日本図書館協会編集．　—　東京　：　日本図書館協会，　2004．　—　262p；　18cm　—　（新集知の銀河系　：　図書館情報大学講演録　；　1）
ISBN4－8204－0421－0

t1．トショカン　ノ　ゲンザイ　a1．　ツクバ　ダイガク　ダイガクイン　トショカン　ジョウホウ　メディア　ケンキュウカ　a2．　ニホン　トショカン　キョウカイ　s1．　図書館　①010

知の銀河系◆第１集　図書館の現在

目次

図書館はなぜ必要か

薬袋秀樹

薬袋秀樹（みない　ひでき）
筑波大学大学院図書館情報メディア研究科教授。一九四八年兵庫県生まれ。筑波大学教授。慶應義塾大学経済学部・文学部卒業。東京都立図書館に勤務後、東京大学大学院教育学研究科博士課程中退。図書館情報大学助手、助教授、教授を経て、現在に至る。我が国の公共図書館の制度、政策、サービス、経営、職員等について研究し、多数の公共図書館において研修の講師を務める。主な著書に、『図書館運動は何を残したか』（勁草書房）。

〔対　談〕

薬袋　本日は、ゲストとして佐賀県伊万里市民図書館の主任司書の犬塚まゆみさんにお越しいただいております。本日は犬塚さんに話し相手になっていただきながら、講義を進めたいと思います。犬塚さんは、現在は図書館にお勤めですが、以前は図書館づくり運動をしておられたとうかがっておりますが。

犬塚　はい。最初は図書館に勤めておりましたが、一二年ほど前に退職しまして、その後新しい図書館づくりに取り組んできました。新しい図書館ができる少し前から、また、図書館で仕事をしております。

薬袋　図書館の利用者、つまり住民の皆さんの立場と、図書館職員の方の立場の、両方の立場がおわかりになるわけですね。貴重な経験をお持ちだと思います。今日は「図書館はなぜ必要か」というテーマで、お話しするのですが、このようなテーマについて、市民の皆さんにはどれくらい理解されているのでしょうか。

犬塚　一般に、図書館を利用した経験のある方は、ご自分の経験から、図書館が必要であることは、すぐにわかってもらえますが、図書館を利用した経験のない方には、なかなかわかってもらいにくいといわれています。図書館を使った経験のない方に、図書館が必要だということをわかっていただくのは意外と難しいと思います。

薬袋　利用経験が重要だということですね。私も図書館職員の方々と話す機会が多いのですが、図書館職員の皆さんもこの点については、自治体のトップの方や財政を担当される方になかなかうまく説明できないようですね。

犬塚　確かにそう思います。

薬袋　図書館の必要性についてもっと考えなければいけませんね。ところで、住民の方が図書館を作りたいといわれた時に、図書館はいらないという意見も出てくると思うのですが、いかがですか。

犬塚　幸い、伊万里にはあまりありませんでしたが、他の町ではときどきあるようです。

薬袋　どんな意見が多いのでしょうか。

犬塚　よく聞くのは、第一に、本は自分で買って読むものだ、という考え方です。第二に、図書館がなくても、市民は自分で本を買って読んでいるのだから、行政の費用でそれを負担する必要はないという考え方です。第三に、清掃工場や消防署の方が図書館よりも重要だ、という考え方があります。この三番目の意見に対応するのが一番難しいのではないかと思います。そのほか、図書館を作ることは認めても、個人で買える本は図書館に置く必要がないという考え方がよくあります。

薬袋　よくわかりました。図書館を作るには、このような考え方をお持ちの方に図書館の必要性をしっかり理解していただくことが必要になりますね。そのような点に注意しながら、お話ししてみたいと思います。

〔前半の講義〕

はじめに——図書館の基本的役割

多くの市民が図書館の設置を熱心に求め、また、設置された図書館は多くの市民によって利用されています。しかし、図書館がなぜ必要なのか、また、設置された図書館がどのような役に立っているのかは、まだ十分理解されていません。そのことについて様々な観点から考えてみたいと思います。なお、これからの話の中では、図書館にある様々な資料を本と雑誌という言葉で表わすことにします。最初に図書館の基本的役割についてお話ししたいと思います。基本的役割として次の五点があります。

①資料・職員・施設を共同利用できる　図書館には、様々な本・雑誌、本に関する知識を持つ職員（司書）、本を読むための施設の三つの要素があります。これは、住民が共同で利用するために用意されたものです。いずれも、必要な時に個人で入手しようとすると、大きな費用が必要になりますが、図書館があれば、毎年のわずかな税金の負担で、必要な時に利用することができます。これによって、住民は資源を効率的に利用することができ、社会のコストが節約されます。

②多くの本・雑誌があり、無料のため、本を読む量が増える　図書館には個人が持っているよりもはるかに多くの本・雑誌があります。さらに、現在の図書館は他地域の図書館と様々な形で協力していますので、他の地域にある図書館の本も利用できます。また、図書館は、無料のため、気軽に利用することができます。そのため、自分で買うときと比べて、非常に多くの本・雑誌に触れることができ、実際に読むことができます。その結果、本を読む量が増え、地域の読書量が増加し、地域の様々な活動が活性化します。

③全ての主題にわたって、多様な立場に立つ、様々な本や雑誌を利用できる　図書館では、利用者は、全ての主題にわたって、多様な立場に立つ様々な本や雑誌に接することができます。この結果、書店では買えない多数の本を利用することができます。これによって、国民の知る権利が守られ、読む本の範囲が拡がり、広い視野でものを考えることができるようになります。

④リクエスト（本の取り寄せ）とレファレンス（調べものの援助）のサービスを受けられる　図書館は、利用者が特定の本を求めているときに、必要な本を取り寄せたり買ったりするサービスを行なっており、これをリクエスト・サービスといいます。また、利用者の調べものを助けるサービスを行なっており、これをレファレンス・サービスといいます。この二つのサービスによって、利用者の個人的な要求に応えることができます。これによって、個人の学習が進み、個人の持つ知識が豊かになり、それを通じて社会の活動に寄与することができます。

⑤過去の出版物が保存され利用できる　図書館が古い本を保存することによって、利用者は、過去の歴史や文化を学ぶことができ、それらについての理解を深めることができます。これによって、これまで蓄積された知識を獲得することができ、これからの様々

な意思決定において誤りを避けることができます。
これをもとにさらに詳しく考えてみたいと思います。

読書の現状

図書館利用者の最終的な目的は本を読むことです。図書館を考える前提として読書の現状を知る必要があります。現在、国民の読書はどのような状態にあり、どう変わっているのでしょうか。一九八九年の総理府による成人に対する世論調査『読書・公共図書館に関する世論調査』を見てみたいと思います。一九七九年の同じ調査と比較してみます。以下、この調査を「総理府調査」といいます。

一年間に本を読んだ人の比率は、一〇年間で、六一％から七〇％へ約九％上昇しています。したがって、本を読む人の比率は上昇しているといえます。本を読む人が一か月に読んだ冊数では、多くの冊数を読む人の比率が増加しています。一一冊以上読む人は二％から五％へ、七〜一〇冊読む人は二％から四％へ、これらを含めて五冊以上読む人は一〇％から一九％へ約二倍に増加しています。このことから、本を読む人の読んだ冊数は増加していることがわかります。

一年間に本を読まなかった人の、読まない最大の理由は、読む時間がなかったからで、四五％を占めています。したがって、将来は、労働時間短縮に伴い、読書人口の増加が予想されます。

世代別には異なる傾向が見られます。毎日新聞社の『読書世論調査』では、国民全体の本を読む比率にはあまり変化が見られませんが、一〇代後半の本を読む比率は、一九七〇年から一九九三年までの二四年間で七一％から四六％まで減少して、約三分の二になっています。しばしば指摘される若い世代の読書離れは、単行本離れのようです。若い世代が本離れすると、将来において日本国民全体が徐々に本離れすることも起こり得ます。このことについては、今後、十分考えなければなりません。

読書の意義

大脳生理学者である高木貞敬さんは『子育ての大脳生理学』（朝日新聞社、一九八六）で、読書には、読者の側に積極性が必要であること、読者には読む途中で本を離れて考える時間があること、読者が場面を想像する必要があることとの三つの特徴があり、したがって、読書は脳の訓練になることを指摘しています。他方、テレビの場合は、見る人は受身でよいこと、見る人には考える時間がなく、その必要もないこと、場面を想像する必要がないことの三つの特徴があり、したがって、脳の訓練にならないと指摘しています。

また、私たちは、読書によって言葉を学ぶことができます。人間は言葉を耳から聞くことによって習得するため、図書館や家庭で行われる子供への本の読み聞かせは、子供の言葉の習得に効果があることがわかっています。また、最近の研究では、言語を学習する上で最も効果があるのは、国語教育ではなく、楽しく自由な読書であることが明らかになっています。

ものを深く考え、自分の意見を適切に表現するには、自分の考えを微妙なレベルで表現するための言葉をたくさん知っていることが必要です。たくさんの言葉を知るには、本を読むことが一番役に立ちます。

そのことを考えると、図書館に、子供の楽しい自由な読書のための本を置き、司書が読み聞かせや本の紹介などを行い、楽しく自由な読書ができるようにする必要があります。これによって、子供の言葉を使う力、本を読む力、さらには、学習の能力が向上します。

読書と学習

(一) 読書の目的

社会教育や生涯学習の分野では学習という言葉がよく用いられ、図書館の世界では読書や資料利用という言葉がよく用いられます。両者の関係はわかりにくいですが、読書のほとんどすべては学習と考えることができます。

「総理府調査」では本を読む目的を調査しています(複数回答、一〇〇%換算)。そこでは読書の目的として様々な事柄が出されているのですが、その多様な目的も、大きく学習(狭い意味)とレクリエーションの二つに分けることができます。学習についても、多い方から、「趣味を楽しむ」二五%、「教養を楽しむ」一五%、「職業に必要な知識を得る」一三%、「家庭・日常生活に必要な知識を得る」一三%、「試験や資格取得などの勉強」四%などで、合わせて約七〇%になります。レクリエーションは、「気晴らし・時間つぶし」二〇%、「おもしろい」一〇%などで、合わせて約三〇%です。したがって、読書の目的の三分の二以上は狭い意味での学習に当たります。

レクリエーションのための読書では、小説やエッセイを読むことが多いと思われますが、私たちは、小説やエッセイを読むことによって、社会や生活の具体的な姿を知ること、他の人の生き方に触れることができます。これによって、世の中には様々な生活や生き方があること、他の人もまた同じような悩みを持ちながら、それを克服して生きていることを知り、その生き方を参考に自分の生き方を考えることができます。つまり、小説を読むことは、人間の社会と生き方を学ぶ重要な学習なのです。

このように、読書の目的のほとんどは学習に帰結します。したがって、読書のほとんどは学習といえます。では、図書館を利用して行われる読書はどうでしょうか。図書館では一定の基準以上の資料を選択しているため、図書館の本・雑誌を利用する読書はすべて学習と考えてよいと思います。図書館での読書は、生涯学習の世界では学習なのだと考えればよいのではないでしょうか。

（二）学習方法における読書の意義

このような意義のある読書は学習の中ではどのように利用されているのでしょうか。この点は、NHK総合放送文化研究所が実施した「日本人の学習」に関する調査の「学習関心調査」で明らかにされています。

①現在実行している学習方法　学習者単位で個々の学習方法の比率を調査しています。多

い方から、「本・雑誌」三三％、「グループ・サークル・クラブ」二二％、「テレビ」一八％などです。「本・雑誌」は最もよく利用されている学習方法です。

②希望する学習情報内容　希望する学習情報内容も調査しています。「参考になる本やテレビ・ラジオ番組の紹介」三〇％、「教育委員会・公民館などが主催する学級・講座の紹介・案内」二二％、「グループ・サークルの案内・紹介」一七％などです。最も希望が多いのは「参考になる本やテレビ・ラジオ番組の紹介」です。

本・雑誌はよく利用され、それに関する情報が求められていることがわかります。このことは学習における読書の重要性を示しています。

本・雑誌など図書資料の意義

本・雑誌などには学習上次の六点の意義が考えられます。

①難しいことでも記録でき、理解しやすい　複雑な知識や理論は講義や講演ではなかなか聞きにくく理解しにくいものです。しかし、複雑な知識や理論も本には記録できるため、読者はそれを繰り返し読むことによって正確に理解できるようになります。学問の内容には本でなければ十分に表現できず、繰り返し読まなければ理解できないこと

が少なくありません。

②あらゆる主題の本がある　様々な主題について新刊書が大量に出版されている上に、過去の蓄積が膨大なので、学習に必要となるほとんどすべての主題の本が入手できます。このため、どんな主題でも、それに関する文献は必ずあるといわれています。

③簡単・手軽に利用できる　読書は、いつでもどこでも、誰の手も借りずに誰にも迷惑をかけることがないため、個人の学習に最も適しています。通勤電車の中や、家事の合間に利用することができます。

④短い時間で利用できる　同じ時間の間に映像や音声よりも多くの情報を読むことができるため、効率的です。テレビのニュース番組と週刊誌の記事では、週刊誌の記事の方が同じ内容を早く読めるのはこのためと思われます。

⑤誰でも利用できる　わが国では国民の識字率がきわめて高いため、誰でも読むことができます。貴重な学習の手段であることが広く理解されています。

⑥楽しみながら利用できる（学習ができる）　軽い読み物は楽しみながら読むことができます。雑誌や新聞には様々な種類の記事が載っているため、息抜きをしながら学習することができます。

生涯学習と図書館

学習方法

社会教育や生涯学習には集合学習と個人学習の二つの学習方法があります。

(一) 集合学習

集合学習は、複数の人々が集合して学習する方法です。これには、希望者が自由に参加する方法(集会学習)(例：講演、音楽会)と参加者の集合が組織的な方法(集合学習)(例：グループ、学級)の二つの方法があります。

(二) 個人学習

個人学習は、個人が一人で自分のペースで学習を進める方法です。メディア、施設、情報・助言の利用という三つの側面からこのことを考えてみます。

①メディアの利用 個人で入手でき、一人で利用できるメディアを用いて、個人が各々の生活の場で自由に学習する方法です。本・雑誌などの印刷物、ビデオなどの視聴覚

資料、放送などがあります。印刷物はこれまでも日常的な教養向上の手段として不可欠でした。学習の量から見て、印刷物による個人学習だけでも集合学習よりも圧倒的に多いといわれています。

②施設の利用　個人で利用して、それぞれのペースで学習する施設です。図書館、博物館、公民館などがあります。

③情報・助言の利用　個人が必要とする情報や助言を個人に提供するサービスです。図書館のレファレンス・サービス、社会教育の学習相談があります。

このように、図書館は、印刷物と施設と情報・助言の提供という個人学習の三つの要素を兼ね備えていて、個人学習のための典型的な施設といえます。課題や意欲を持つ個人は、目的に応じて必要な資料を借り、施設を利用し、情報や助言を得て、自分のペースで学習することができます。

(三)　集合学習と個人学習の関係

以上の点から、図書館は個人学習のための典型的な施設といえますが、それだけにはとどまりません。たとえば、講演の内容をよく理解するには事前にテキストを読むなどの学習が必要になりますし、講演を聞いた後、その人の著書や関連する本を読みたくなることがあります。このように、集合学習には個人学習が必要であり、集合学習は個人学習をうながします。また、図書館では、今回の講座のように、本や雑誌、読書や情報に関わる様々なテーマについて、集合学習を行うことができます。さらに、集合学習を活性化する上で、本・雑誌や図書館を活用すると効果的であるといわれています。

このように、図書館の利用は、個人学習、集合学習を含む学習一般の方法です。図書館は生涯学習に本質的な点でかかわっているといえます。

ライフステージ・利用対象

生涯学習の理論では、人の一生の各段階をライフステージとしてとらえ、それぞれに対応する学習の意義や内容を明らかにしています。図書館は、すべての世代が利用できるほか、各ライフステージに対応するサービスを行なっています。

乳幼児期、少年期には児童サービス、青年期にはヤングアダルトサービス、成人期には職業人向けの成人サービス、高齢期には高齢者サービスがあります。そのほか、障害者には障害者サービスがあります。このように、図書館は乳幼児から高齢者までのすべての世代が一生を通じて利用できる施設です。

調査研究と図書館

図書館利用における調査研究

図書館の利用目的の一つである調査研究について考えてみたいと思います。図書館の利用者の利用目的は貸出が中心で、小説などのレクリエーション的な利用が大部分であるかのように考えられていますが、これは事実ではありません。

（一）調査研究目的の利用者

東京都内の公共図書館（都心部、都市部）の来館者調査では成人の利用目的について調査しています。「本の貸出(返却)」が三六％、「勤め先の仕事・学校の勉強」が二〇％、「それ以外の調べ物・研究」が一〇％、「館内での読書」が九％です。「仕事・勉強」と「調べ物・研究」は広い意味での調査研究に当り、両者を合わせると、約三〇％で、貸出の利用者の五分の四にあたります。貸出利用者に近い数の調査研究を目的とする利用者がいることがわかります。貸出利用者の中にも調査研究的資料の利用者が含まれています。

杉並区立図書館の登録者の調査では利用方法と利用目的の関係を調査しています。「本を借りる」という利用方法をあげた利用者の利用目的を調査しています(複数回答)。「娯楽」六二%、「実用知識」四一%、「勉強」二二%、「調査」一七%などで、合計一四九%です。「調査」「実用知識」「勉強」の合計は、広い意味での調査研究に含まれます。三者を合わせると、約八〇%になり、娯楽を上回ります。

これらを総合すると、広い意味での調査研究のための利用がかなり多いことがわかります。

(二) 専門的資料に対する要求

図書館の利用者は図書館にどのような本・雑誌を求めているのでしょうか。「総理府調査」では、図書館に今後充実させる必要があると思う資料を調査しています。本に関して、過去一年間に図書館を利用した人では、「専門書、参考書」が四七%で、「趣味・娯楽書」の三二%を大きく上まわっています。性別、年齢別では、男性の二〇~五〇代、女性の二〇~四〇代で専門書が上回っています。現在の図書館利用者、特に働き盛りの世代は専門的資料を求めています。雑誌に関しては、過去一年間に図書館を利用した人では、「専門雑誌」が三五%で、「一般雑誌」の一三%の約三倍にのぼり、かなり高くなっています。

これらのデータから、利用者の要求は「専門書、参考書」(四七%)、「専門雑誌」(三五%)、「趣味・娯楽書」(三一%)、「一般雑誌」(一三%)の順序で、専門的資料への要求がかなり高いことがわかります。

調査研究コレクション

調査研究には、どのような本や雑誌が必要になるのでしょうか。調査研究に重要なのはレファレンス・ルームにある辞典・事典、ハンドブック、年鑑、年表、図鑑、文献目録、記事索引などの参考図書です。レファレンス・ルームにはこれらの参考図書が集められているため、利用者は調査研究を効率的に行うことができます。これらの参考図書のうち大部なものは個人には買えないため、図書館でしか利用できません。日本では、かつては図書館数が少なかったため、参考図書の出版点数が少なく十分な調査研究ができませんでした。しかし、一九七〇年代に入って、図書館数が増え、本の購入予算も増えたため、参考図書、特に大部な参考図書の出版点数が増えてきました。参考図書の出版点数が増えると、調査研究はさらに便利になり、図書館の効用と評価が高まり、図書館の設置が進みます。このように図書館の設置と参考図書の出版の間にはよい循環が働きます。

図書館では、参考図書だけでなく新しい情報技術を利用することができます。利用者用端末による本の多面的な検索だけでなく、CD-ROMやデータベースの検索によって、利用者が求める専門的な情報を入手することができます。これによって、利用者の知識・情報が高度なものとなり、高度な学習・調査研究が可能になります。

個人購入可能な資料

先ほどの犬塚さんのお話にもありましたが、しばしば、図書館は利用者が個人で買える本は買うべきではないという意見が見られます。これは、一見正しい主張のようですが、実行すると様々な問題が生じます。この問題について考えてみましょう。

（一）入門書の意義

このような考え方の根底には、「図書館には入門書のような初歩的な本はいらない」という考え方があります。これには疑問があります。一般市民が専門的な知識や情報を必要として、図書館を利用するのは、新しい主題に関心を持つときが多いと思います。その場合は入門書が必要になります。入門書には特定の主題の全体像や知識の体系を示すという意味で資料的価値の高い本が多いのです。このため、図書館では、入門書を買うことが必要になります。どこにでもあるような入門書は、読者が広い視野で学習を進める基礎として役立っています。

㈡ コレクション利用の意義

これに似た考え方の一つに、「図書館には、個人で買える値段の本はいらない」という考え方があります。これも正しい考え方ではありません。図書館にある本や雑誌の一点一点はたいした金額ではありません。一点単位なら個人で購入できない本や雑誌は少ないでしょう。しかし、利用者は一点だけを利用するのではなく、たくさんの本を利用します。したがって、利用者による本や雑誌の利用を一点単位でとらえるのは疑問です。利用者は個々の本や雑誌だけを利用するのではなく、多くの本や雑誌からなる図書館コレクション全体を利用しています。たとえば、あるできごとに関する雑誌の記事を読む場合、多くの雑誌に長期にわたって様々な記事が掲載される場合も少なくありません。この全部を自分で買うのはかなり困難です。したがって、図書館が必要になるのです。

㈢ 図書の主題と価格

安い価格の本にも重要な本が少なくありません。著者と出版社が最も読者に読んでほしい本は、できる限り多くの読者に読まれるように、安い価格で出版されます。新しい主題や新しい考え方の本は、新しい読者、若い読者を対象に安い価格で出版されることが多いのです。

自治体と図書館

地域社会、自治体との関係

（一）郷土資料、地方行政資料

これまで、図書館には、図書館のある地域や自治体に関する資料（郷土資料、地方行政資料）があり、それを用いて、地域に関する学習や調査研究ができることが重視されてきました。図書館は、地域や自治体に関する本や雑誌を集めて提供することによって、地域の個人・団体や自治体の活動に必要な情報を提供し、それらの活動を盛んにし、合理的なものにすることができます。しかし、それは図書館にある本の一部にとどまるものです。もっと広い視野で図書館にある本・雑誌について考えたいと思います。

（二）地域の生活課題、行政課題に関する資料図書館には、例えば、環境・リサイクル、災害対策、まちづくり、高齢者福祉、青少年育成、非行防止、学童保育、幼児保育などに関する本があります。これらのテーマは、地域住民の生活上の課題であり、また、自治体の行政上の課題でもあります。このように考えると、図書館の社会科学・自然科学分野の本のほとんどは、地域住民の生活課題、自治体の行政課題に関する本といってもよいくらいです。これらの本は、もともと、住民の生活課題、自治体の行政課題を解決するために出版されたものです。図書館は、このような本を集めることによって、地域住民、自治体職員の学習・調査研究の要求に応えることができます。

市役所のさまざまな課や係は、その仕事を進めるために、住民に協力を求める必要がある場合があります。そのような時、チラシを配布し、啓蒙のための講演会を開き、見学ツアーなどを行うのが通例です。例えば、環境・リサイクル部門は、リサイクルを進めるために、住民に分別収集に協力してもらう必要があり、そのために、チラシを配布し、説明会を開き、清掃工場や埋立地の見学ツアーなどを行いますが、それらはすべて単発的なものであり、地域で住民が日常的に学習できる手段ではありません。

これに対して、図書館は地域で住民が日常的に学習できる手段です。図書館がこのようなテーマの本を集め提供することによって、住民や自治体職員の学習が進み、その結果、自治体の行政が円滑に進みます。このように、図書館は住民のニーズと行政の課題に積極的にかかわることができます。

この点で興味深いのは、ある村の村立図書館が、全国の村の行政の概要である村勢要覧を収集していることです。これによって、村ではどのような施策がどこまで行えるのかを知ることができます。これは、その地域に関する資料ではなく、その地域を考えるために必要な資料といえます。

自治体行政の他部門への協力

このほか、図書館には、最初に述べたリクエストやレファレンスのサービスがあります。図書館はこれを用いて、市役所の他の課や係からの本や雑誌の要求、調べものの要求に応えることができます。また、図書館サービスによって、他の課や係の施策に協力することができます。たとえば、障害者へのサービスについては福祉部門との協力、情報公開については情報公開の担当係や行政資料室と協力することができます。これは、観点を変えれば、同じ目的のために、図書館サービスを通じて他の課や係に協力することです。

（一）生涯学習と調査研究

まちづくりと図書館の本質的なかかわりは、生涯学習と調査研究によって、住民と自治体職員の知的活動を活性化し、そのことによって地域全体を活性化させるところにあると思われます。確かに、清掃工場や消防署の方が図書館よりも一見して重要であり、優先すべきであるように見えるかもしれません。しかし、その前に、自分のまちにどのような環境対策が必要なのか、どのような防災対策が必要なのか、自分のまちをどうするのかを住民と自治体職員が自主的に考え、学習し、その上で、自分達の地域のまちづくりを進めることが必要です。そのように考えると、まず、まちづくりの出発点として、図書館を作り、住民と自治体職員の学習を盛んにすることが必要ではないでしょうか。今後、地方分権が進むと、このような役割はますます重要になると思われます。

（二）地域開発の中心施設

図書館は多くの利用者が利用するため、多くの人々が集まります。したがって、新しく市街地や文化地区を開発する時には、その中心施設に図書館を配置すると、多くの人々が集まり、その地域の人の動きが盛んになり、注目を集めることができます。これによって、街を活性化し、新しい街を形成するなどの、目的意識をもったまちづくりができます。

（三）情報・文化格差の是正

地方都市の図書館では、新しい雑誌や本から大都市の情報を入手することができるので、都市との情報の格差を埋めることができます。これは特に若い人々にとって魅力的です。よい図書館の存在は、若い人々にとっての魅力的なまちの条件ではないでしょうか。

また、最近は、大都市圏にある工場が地方に移転していますが、その際、その工場の従業員の人々も地方へ転出することになります。このような場合、従業員の人々に転出してもらうには、移転先の地域の社会教育・文化や情報の面での環境を大都市に近づけることが必要になります。この場合、図書館があれば、大都市との社会教育・文化環境、情報環境の地域格差を埋めることができます。

〔対　談〕

薬袋　これで前半を終わります。今までお話しした五つのテーマの中では、特に生涯学習についてよく論じられると思いますが、犬塚さんはどうお考えですか。

犬塚　伊万里では、地域に根づいた生涯学習を「伊万里学」と呼んでおりまして、図書館全体で取り組んでいます。他の図書館でも同じだと思いますが、図書館そのものが生涯学習のためにあると思っておりますし、地域に関する資料の提供にも力を入れています。でも、図書館界では、図書館は昔から生涯学習のためにサービスしている、生涯学習とは当たり前のことなのだという考え方が強い気がします。先程のお話のように掘り下げて説明できるとよいと思います。

薬袋　自分では当たり前だと思っていても、他の人には説明しなければ理解していただけませんね。やはり、説明する必要があると思います。最近、自治体と図書館の関係がよく論じられていますが、自治体やまちづくりと図書館のかかわりについてはいかがですか。

犬塚　図書館づくりが、まちづくりにつながるということは、かなり理解されるようになってきたと思います。でも、その具体的な意味を説明するのは難しいですね。まだまだ理解されていないのではないかと思います。先程のお話は具体的でよかったです。

薬袋　まちづくりと図書館は大変魅力的なテーマですから、もっともっと議論してよいテーマだと思います。では、後半の講義を始めます。

〔後半の講義〕

出版・情報流通と図書館

出版流通の地域格差

図書館の役割を、書店と比較し、大都市と地方の違いに注目して考えてみたいと思います。書店は都市部や大都市圏に多く、地方や過疎地域には少なくなっています。そのため、地方や過疎地域では本を読むことや情報を手に入れることが困難になっています。その結果、学習が困難になり、地域が活性化しません。このような地域では、地方自治体が図書館の整備に努めることによって、書店の不足を補い、読書を盛んにし、地域を活性化することができます。

（一）出版販売量の地域格差

各県ごとの本・雑誌の販売額と図書館の貸出冊数はどういう関係にあるのでしょうか。

①住民一人当たりの本・雑誌の販売額と②住民一人当たりの個人貸出冊数を、全国平均を一〇〇として指数化して比較してみます（一九九三年度）。いずれも県によって大きな格差があり、本・雑誌の販売額も貸出冊数も大都市圏の中心県が高くなっていますが、地方の県でも次のような違いが見られます。

A県　①八〇・三　三〇位　＜　②一〇一　一三位
B県　①九六・九　一一位　＞　②八四　一八位
C県　①八四・八　二四位　＜　②六八　二七位

A県は図書館の整備された県で、個人貸出冊数の指数が本・雑誌販売額の指数を上回っています。この県では、本・雑誌の販売額は全国平均よりもかなり少ないのですが、図書館の貸出冊数がそれを補っていて、図書館サービスが出版流通の格差を補っているといえます。

（二）出版流通内容の地域格差

流通する本の量だけでなく、内容にも格差があります。地方では、中心都市の大型書店を除くと、書店があっても、規模が小さいため、配本される本の種類や数が限られており、大都市の大型書店と比べると、買うことができる本の種類や量は貧弱です。図書館があれば、多くの本を買ったり展示したりすることができますし、本の情報を提供し、リクエストによって、必要な本を提供することができます。

このように、図書館は、市販される出版物を大量に収集・提供することによって、出版流通の地域格差を是正し、それによって、本や雑誌の利用の量と範囲を拡大して、地域を振興することができます。

出版流通における資料の短命化

現在、本は発刊されてもすぐに品切・絶版になり出版物の寿命はますます短くなっています。そのため書店で入手できない資料が増えています。数年前に出た本を注文すると、品切・絶版であることが多くなっています。たとえば、過去に出版された図書の一九九七年六月現在の入手可能率を見てみますと、九年前の一九八八年の出版物で今でも買えるのは既に半分以下であり、六年前の一九九一年の出版物で入手できるのは三分の二です。このように出版社による出版物の保存が困難になっています。仮に買うお金があっても、品切・絶版の出版物は古書店でしか購入できません。このため、以前に出版された本が提供されるには図書館がそれを保存しておくことが必要になります。出版社に在庫のない資料を確保できるのは図書館だけです。読書家の人々は、後で暇なときに読もうと思って、本が出版されたときに買っておきますが、そうすると、家は本で溢れ、日常生活に支障を来すことになります。

図書館が本を保存しておくことによって、学習することがらの歴史やこれまでの研究の成果を踏まえた学習ができるようになり、学習の視野が広がり、研究の蓄積が進みます。

図書館の資料購入による出版支援

出版物の質について考えてみましょう。出版関係者の中には、出版社が志をもって良い本を出版しても、売り上げが少ないため採算が取れず、良い本の出版が困難であるという意見があります。図書館がこのような本を積極的に買うことによって、良い本の出版が容易になります。それによって良心的な文化を盛んにすることができます。そのためには、図書館が三〇〇〇館必要だといわれています。

学術的な本についても同様です。米国では学術書の出版が盛んですが、その原因は、米国では図書館の数が多く、規模も大きく、本の予算も多いため、学術書の購入が多いことにあるといわれています。参考図書についても、図書館が参考図書を購入し、利用者がそれを利用することによって、参考図書の出版を促進することができます。

非市販出版物の提供

このほか、図書館独自の役割があります。図書館は、個人・団体・行政機関の刊行物など書店で販売されない出版物を提供していますが、これは書店が行わない、あるいは、行えない役割です。行政機関の刊行物の多くは、調査報告書、統計資料、行政施策の解説書などです。これらは図書館が提供することによって初めて広く公開され、それによって、これらの知的活動の成果が普及します。

ネットワーク情報資源へのアクセス

最近は、インターネットやパソコン通信で、本や雑誌などの出版物以外の情報が、自宅にいながらにして利用できます。図書館もこれらを利用して、本や図書館に関する情報を入手したり、提供したりしています。これらの情報を利用するには、パソコン等の機器とソフトウェア、通信費用を含む様々な費用、利用方法に関する知識が必要です。しかも、普段から利用できるように準備していることが必要です。したがって、これらの情報を利用できない住民も少なくありません。アメリカでは、このような住民を「情報弱者（インフォーメーション・プアー）」と呼んでいます。このような住民のために、図書館が代わって情報を入手して提供し、機器を持たない人には、図書館の機器を利用する機会を提供する必要があります。アメリカには、多数のパソコンが用意され、利用者が自由にパソコンを利用できる図書館があります。

民主主義社会と図書館

政治参加と図書館

この関係は、いわゆる『中小レポート』（『中小都市における公共図書館の運営』日本図書館協会、一九六三）で明確に示されています。私たちが生きている平和的で民主的な国家は、選挙等の国民一人一人の政治参加によって支えられています。選挙等の国民の政治参加には国民一人一人の自由な考えと判断が必要です。国民が自由な考えを持ち、判断を下すには、国民が必要とする、さまざまな人々の自由な意見と知識を記録した本や雑誌を必ず入手できることが必要です。それはマスコミや書店に任せてしまうことはできません。誰かが本や雑誌を積極的に確保することが必要です。図書館の任務は、このような本や雑誌を確保・提供することで、これによって、国民は必要な知識を手に入れることができます。

国民や住民の政治参加のうち最も基本的なものは、国会や地方議会の選挙における投票です。投票に際しては、政党や政治家とその政策を評価しなければなりません。それには、それを判断するために、政党や政治家とその政策に関する知識や情報、そしてそれに関連する社会の動きに関する知識や情報が必要になります。

このため、図書館法第三条第七号は、図書館の任務として「時事に関する情報及び参考資料を紹介し、及び提供すること」を定めています。図書館はさまざまな立場の資料を集め提供する必要があります。特に社会事情や時事問題に関する本や行政に関する資料は重要です。これによって、国民の知る権利を保障するとともに、民主主義社会における政治参加、意思決定に必要な本や情報を提供することができます。このためには、図書館には自主的に本を選び、それを提供する自由が必要です。外部からの圧力があってはなりませんし、もしあっても、それに影響されてはいけません。それを守るための規範として日本図書館協会は「図書館の自由に関する宣言」を制定しています。

情報公開と図書館

最近は、情報公開によって必要な行政情報が入手できるようになりつつあります。しかし、情報公開で公開される情報だけが重要なのではありません。その種の情報の持つ意味を理解するには、地域や行政に関する基礎知識が必要です。それには、図書館にある関係主題の本や公開されている行政資料が必要です。図書館は公開されている資料しか集められないため、社会の隠れた真実は明らかにはできないという意見がありますが、実際は、公開されている資料を重ね合わせることで、多くのことが明らかになるといわれています。

図書館利用の効果

読書量の増大、読書範囲の拡大

図書館を初めて作る場合、図書館を作っても、住民がこれまで書店で購入して読んでいた本を図書館で借りて読むだけだ、という批判をよく聞きますが、このような意見には疑問があります。

名古屋市の住民調査では、「図書館をよく利用している」と回答した成人に対して「図書館を利用するようになってから、読書はどのように変わったと思うか」を読書量と読書の性格に分けてたずねています。読書量については、「かなり多くなった」四三%、「少し多くなった」二六%で、合わせて約七〇%の人が「前より多く本を読むようになった」(読書量が多くなった)と回答しています。読書の性格については、「読書の幅が広がり、いろいろな本を読むようになった」五二%、「本を精読したり、系統的に読むようになった」一五%、「子どもの本に興味を持つようになった」五%などです。このうち「本を精読したり、系統的に読むようになった」が最も図書館利用の意義を鋭く示すものです。「読書の幅が広がり、いろいろな本を読むようになった」と「子供の本に興味を持つようになった」は、「いろいろな本」は図書館にある本であること、「子供の本に興味を持つ」ことは家庭教育上大きな意義があることを考えると、全体で約七〇%の人が、図書館を利用するようになってから、本の読み方がよい方向へ変わってきたと考えられます。

このように、図書館の利用によって、読書の量が増え、読書の内容が向上しています。

利用者の質問への回答

わが国では、図書館職員の役割は不明確で、その主な仕事は本の貸出・返却の手続であって、誰にでもできる仕事だと言われることがあります。しかし、これは誤った考え方です。図書館職員の重要な仕事として、利用者の質問に答え、相談に応ずるサービスがあります。これには、利用者の求める本を取り寄せるリクエスト・サービスと調べものを援助するレファレンス・サービスがあります。

(一) 利用の相談と本の紹介

サービスの利用の実態を見てみたいと思います。「総理府調査」では「過去一年間に図書館を利用した」人の利用の目的は次の通りです(複数回答)。「本を借りるため」七四%、「本、雑誌などを読むため」三二%、「気晴らしや時間つぶしのため」二七%の順で、四位の「調査研究や学習のための相談や本の紹介(案内)を受けるため」は一六%です。その内訳は男性二四%、女性一〇%です。男性の四人に一人が職員の援助を利用目的にあげています。

(二) 資料が見つからないときの援助

図書館の利用者の多くは、本が見つからないときはどうしているのでしょうか。川崎市立図書館の利用者調査の「資料が見つからなかったときにどうするか」という質問に対する回答(複数回答)は、「職員に聞く」四九%、「目録を見る」三一%、「類似資料を探す」二二%、「予約する」一二%などです。第一位が「職員に聞く」で、約五〇%の利用者は職員に聞いています。この数値は、利用者が職員に質問し、職員が実際に役立っていることと、利用者が職員の役割を認め、職員を信頼していることを示しています。

(三) 専門的サービスに対する要求

このようなサービスに対する要求を見てみたいと思います。調布市立図書館の市民調査、利用者調査では、リクエストとレファレンスの二つのサービスに対する利用希望の有無を調査しています。一般市民の調査では、リクエスト・サービスは六八%が「利用したい」、レファレンス・サービスは五四%が「利用したい」、と回答しています。利用者の調査では、リクエスト・サービスは八〇%が「利用したい」、レファレンス・サービスは七一%が「利用したい」と回答しています。

利用者の圧倒的多数、市民の半数以上ないし圧倒的多数が専門的サービスの利用を希望していることがわかります。

図書館利用の効果

図書館の利用は、読書だけでなく、利用者の生活全般に影響を与えています。

岩槻市の住民調査では、図書館利用が及ぼす効果について調査しています(複数回答)。結果は、「仕事や勉強の役に立った」四八%、「有意義な時間をすごすことができた」三七%、「視野が広がり、話題が増えた」二〇%、「生活にはりあいが出てきた」八%、「仲間や友だちが増えた」五%、「資格や免許が取れたり、試験に受かった」三%などです。

特定の知識の増加といった限られた効果だけでなく、それが生活上にさまざまなよい影響を与えていることがわかります。図書館を利用して、本を読み、知識や情報を得ることによって、仕事・勉強が向上し、自分の視野が広がり、生活に対する積極的な態度を持つことができます。これは、個人の生活、ひいては地域社会を活性化させるはずです。

以上、図書館の必要性と効果についてさまざまな観点から述べてきました。

図書館に対する期待

図書館の設置要求

国民はこうした図書館に対してどのような要求を持っているのでしょうか。

これは、総理府の『生涯学習に関する世論調査』(一九八八)、『生涯学習・世論調査』(一九九二)から明らかになっています。この調査では、社会教育・文化施設の中で図書館に対する要求度が二六%で最も高くなっています。

図書館の実質利用率

住民のうちどの位の人が、登録だけでなく実際に公共図書館を利用しているのでしょうか。総理府調査では、公共図書館を年一回以上利用した人が人口に占める比率は、一九七九年調査で一四・二%、一九八九年調査で一六・九%、一〇年間で二・七%増加していますが、まだ国民六人に一人です。この数字は、最近の最も先進的な図書館ではどのようなレベルにあるのでしょうか。年一回以上利用された貸出カードの枚数の住民人口に対する比率は、住民のうちの実際に図書館を利用した人の比率を示しています。千葉県の浦安市立図書館は三四・六%(一九九五年度)で、滋賀県の栗東町立図書館は三一・〇%(一九九四年度）です。これは地方自治体の設置する施設の中でも、おそらく最も高い利用率ではないかと思われます。これらの例から、図書館に対する要求が高く、十分な数の図書館が整備された場合の利用率は極めて高いことがわかります。

おわりに

図書館がなぜ必要なのか、どんな効果を上げているのかについてお話ししてきました。掘り下げはまだ不十分ですが、全体の枠組みを示すことはできたのではないかと思います。図書館の設置を進め、振興を図るためには、このような議論をもっともっと進める必要があると思います。今後は、さらにこのテーマを深めて行きたいと思っています。

〔対　談〕

薬袋　いかがでしたか。

犬塚　大変おもしろかったです。図書館にはいろんな意義があることがわかりました。これから図書館について話し合う時にすごく参考になると思います。ところで、一つ質問があります。図書館はなぜ必要かについて、いろいろとお話しいただいたのですが、一言で言うのは難しいとは思いますが、簡単に言うとどうなるのでしょうか。

薬袋　難しい質問ですね。図書館は多目的な施設なので、一言では言うのは難しいです。でも、地域の住民の皆さんの、読書の幅を広げ、量を増やし、質を高め、それによって、地域の住民の皆さんの知識が増え、皆さんの知的活動、さらには、さまざまな活動を活性化させるということ、これでいかがでしょうか。ほかに、すべての住民の生涯学習と意思決定に必要な知識を手に入れる場所であり、窓口であるという指摘もあります。

犬塚　知識を得る場所ということと地域が活性化するということの二点ですね。

薬袋　私の方からも一つおたずねしたいと思います。犬塚さんは図書館をやめられてから、市役所の事務職の方、議員さん、それから一般市民の方とお話しになる機会が多かったと思いますが、これらの方々に図書館のことをお話しするときに、司書の方たちの間での話とちがう点があったのでしょうか。

犬塚　一つは、図書館にはいろんな役割がありますので、一つ一つ説明すると、長くなってしまいます。要領よく説明することが必要になります。人によって関心の置きどころが違いますので、相手の方が関心をお持ちの点について説明することが必要ですね。また、人によって本や読書に対するイメージが違います。その人のイメージに合わせて議論することが必要です。それには、相手が持っているイメージを知ることが大切です。第二に、図書館の役割を、事務職の人にわかってもらうことが、すごく大切だと思います。事務職の人にわかってもらうということは、多分、「政策」として説明ができるということだと思います。それには具体的なデータや事柄を挙げて、その意義を説明できることが必要ですね。抽象的な話ではわかりにくいですから、具体的に説明する必要があります。

薬袋　なるほど、相手の関心や相手の持つイメージに注意すること、それから、政策として具体的な説明ができることの二点ですね。実際のご経験を、踏まえたご意見で、よくわかりました。

犬塚　これだけ重要な施設なのですから、質量ともによいサービスをすることが必要ですね。

薬袋　そうですね。図書館の必要性を考えると、それに応えるサービスが必要になると思います。どういうサービスが必要かがよく議論されますが、図書館はなぜ必要か、何のためにあるのかを考えることが重要だと思います。

犬塚　今日は勉強になりました。もっと、こういう議論が盛んになるといいと思います。

薬袋　私の方も大変勉強になりました。長時間にわたりまして、どうもありがとうございました。これで講義を終わらせていただきます。

（一九九八年二月一日収録）

本と情報を探す

緑川信之

緑川信之（みどりかわ　のぶゆき）

一九五三年神奈川県生まれ。慶應義塾大学工学部卒業。慶應義塾大学大学院工学研究家修士課程及び同大学大学院文学研究科修士課程修了。図書館情報大学助手を経て、現在筑波大学教授。分類論を研究領域に、日本図書館協会『日本の図書館情報学教育　一九九五』の編集委員長、情報科学技術協会のデータベース検索技術者認定試験委員、新日比谷図書館基本構想検討委員など図書館界で活躍。主な著書に、『図書館・情報学のための調査研究法』、『理工学文献の特色と利用法』、『本を分類する』（以上　勁草書房）、『新訂　情報検索演習』（東京書籍）、『情報検索の考え方』（勉誠出版）。

はじめに

今日は、『本と情報を探す』というテーマでお話しします。本や情報を探すには、どういう方法があるでしょうか。いくつかの方法をまとめてみました。

◎本（印刷物）で探す
◎データベースで探す
◎放送を見る・聞く
◎人に聞く
◎ブラウジングする
◎参考文献を追いかける

まず、本で探す方法ですが、ここでは、雑誌や新聞など、その他の印刷物も含めて、簡単に「本」と呼ぶことにします。最近では、こういう印刷物が電子化されて、いわゆるデータベースというものがよく使われるようになってきました。それから、探すといよりは、やや受け身になりますが、テレビやラジオなどの放送を見たり聞いたりして情報を得ることができます。たとえば、お天気情報などがそうですね。最も手っ取り早いのは、人に聞く方法です。私たちが情報を得るために最もよく使っているのは、この方法ではないでしょうか。

ブラウジングという言葉はあまりお聞きになったことがないかもしれませんが、これも私たちがよく使っている方法です。ブラウズというのは「拾い読みする」という意味で、本や雑誌をパラパラめくったり、本屋さんや図書館の棚を眺める、というのがこの方法です。デパートで、「見てるだけ」というのも、流行や値段を知るためのブラウジングといえるでしょう。

それから、参考文献を追いかける、という方法もあります。研究者は他の人が書いた論文を読んで、そこで引用されている、あるいは参考文献にあげられている別の論文を探すということをよく行います。一般の人でも、参考文献にでている本を次に見てみようと思うことがあるでしょう。

このように、本や情報を探すにはいろいろな方法がありますが、今日は、最初の二つ、つまり、本で探す方法とデータベースで探す方法についてお話しします。

本で探す方法

まず、本（印刷物）で探す場合についてです。目的によっていろいろなものがありますが、まず、本を探すための本と、情報を探すための本に分けられます。

本を探すための本

◎ある書名の本を探す

◎ある著者の本を探す

◎あるテーマの本を探す

◎図書館にあるか調べる

情報を探すための本

◎言葉について調べる

◎事物について調べる

◎歴史・地理について調べる

◎人物について調べる

本を探すための本には、ある書名の本を探す、ある著者の本を探す、あるテーマの本を探す、これらの本が図書館にあるか調べる、といった用途に応じて、いろいろなものが作られています。情報を探すための本も、言葉について調べる、事物について調べる、歴史や地理について調べる、人物について調べる、などの用途に応じて、いろいろな本がありますます。もちろん、一つの本が複数の目的に役立つこともありますが、ここでは一応区別して見ていきたいと思います。

本を探すための本

（一）ある書名の本を探す

まず、ある書名の本を探す場合を考えてみます。これは、その書名の本がどの出版者からでているかを調べるときなどに使います。これを調べるにはいろいろな本がありますが、ここでは例として『日本書籍総目録』（日本書籍出版協会）をとりあげてみます。これの書名編をみますと（**図1**）、書名が五十音順に並べられてでています。そして、シリーズ名、著者名、出版年、ページ数、値段、出版者などが記載されています。

ここで、最後のＩＳＢＮについて説明をしておきたいと思います。これは、Internation-

図1　日本書籍総目録：書名編

三毛猫ホームズと愛の花束＜角川文庫　あ-6-95＞

赤川次郎著　1992　文庫　288頁　470円　角川文庫

ISBN-04-149795-7

図2　日本書籍総目録：著者索引編

赤川　次郎　アカガワ　ジロウ

哀愁時代　哀愁変奏曲　愛情物語　合うは

盗みの始めなり　青きドナウの・・・

図3　日本著者名総目録：個人著者名

増谷　文雄　ますたに・ふみお

◇仏教とキリスト教　カーペンター著、増谷文雄訳

同文館　1928　305p　2.00円　E129858

図4　日本件名図書目録：一般件名

アレルギー

◇アトピー・アレルギー読本　1　有害食品研究会、

アトピっ子の親たち編　大坂　せせらぎ出版　1994.3

64p　21cm　＜患者と医師が二人三脚で＞・・・・

図5　国立国会図書館蔵書目録：書名索引（言語・文学）

三毛猫ホームズと愛の花束（赤川次郎著）……………561

三毛猫ホームズと仲間たち（赤川次郎著）……………308

図6　国立国会図書館蔵書目録：著者名索引（言語・文学）

赤川次郎（三毛猫ホームズと愛の花束）………………561

赤川次郎（三毛猫ホームズと仲間たち）………………308

al Standard Book Number（国際標準図書番号）の略で、図書の国際的な識別番号です。この一〇桁の数字で、世界中の本を一冊一冊区別するために使われます。最初の記号は言語圏、国、地域などを表します。この例の4は日本を意味しています。二番目の記号（この例では04）は出版者を表し、三番目の記号はその出版者の図書に付与される番号です。最後の記号はコンピュータ処理のためのチェック記号です。

（二）ある著者の本を探す

次に、ある著者の本を探す場合を考えてみましょう。これも、先ほどの『日本書籍総目録』で調べることができます。今度は、著者索引編を使います（図2）。たとえば、「赤川次郎」の項目を見ると、赤川次郎さんが書いた本の書名がでてきます。この中からどれかの書名を選んで、先ほどの書名編を見れば、その本について詳しいことがわかるようになっています。

ところで、この『日本書籍総目録』は、現在出版されている本だけが収録されています。いまは売られていない昔の本を探すためには、他の手段が必要になります。ひとつの方法として、『日本著者名総目録』（日外アソシエーツ）というものがあります。これは、過去に出版された本を個人著者名ごとに集めたものです。たとえば、「増谷文雄」の項目を見ると、増谷文雄さんが書いた本が一九二八年のものから順にリストとされています（図3）。

（三）あるテーマの本を探す

次に、あるテーマの本を探す場合について見てみたいと思います。これもいろいろな方法があるのですが、ここでは『日本件名図書目録』（日外アソシエーツ刊）を例に挙げます。ここには、いろいろな事項や人物名が五十音順に並べられています。たとえば、「アレルギー」という項目を見ると、アレルギーについて書かれた本がリストされています（図4）。

（四）図書館にあるか調べる

最後に、これらの本が図書館にあるかどうかを調べる方法についてですが、これはもちろん、図書館の蔵書目録を見ることになります。たとえば、国立国会図書館にあるかどうかを調べるには、『国立国会図書館蔵書目録』（紀伊國屋書店発売）をみます。書名がわかっている本は、書名索引で探します（図5）。

書名はわからないけれど、著者がわかっている本は、著者名索引で探します（図6）。

そして、探している本が何ページにあるかを見て、本文のそのページをひらきます。これで、書名、著者名、出版者などの詳しいことがわかります。

（五）まとめ

ここで、以上にみてきた「本を探すための本」の使い方を整理しておきます。本を探すための本には、目次と本文と索引があります。

目次は、たいていは本文の前についていますが、本文の後についているものや、大項目だけ本文の前についていて小項目は本文の途中に組み込まれているものもあります。『Book Page 本の年鑑』（ブックページ刊行会）のように、分類総目次とよんでいるものもありますが、そうでなくても、目次というのはたいてい内容を分類しているものです。まず全体が第一章、第二章、というように分けられ、次に、それぞれの章が、第一節、第二節、というように分けられる、というように分類されています。これは普通の本の目次でも同じですが、本を探すための本の目次は、多くの場合、この分類が普通の本よりも詳しくなっています。

目次よりももっと細かく探すには、索引を使います。索引には、事項索引、著者名索引、書名索引などがあります。どの索引を採用しているかは、本によって異なります。

目次や索引で探している本が見つかったら、本文のそのページを見ます。

情報を探すための本

それでは、次に、情報を探すための本についてみてみましょう。

（一）言葉について調べる

まず、言葉について調べる場合です。これの代表的なものは、辞書・辞典です。辞書・辞典にもいろいろなものがあります。

◎国語辞典
◎漢和辞典
◎古語辞典
◎対訳辞典（英和辞典など）
◎語源辞典
◎ことわざ辞典
◎専門用語辞典

このほか、言葉についての本としては、語学の学習書、言語学の本、言葉についての教養書や研究書などがあります。

◎辞書・辞典
◎語学の学習書（英会話入門など）
◎言語学の本
◎言葉についての教養書・研究書（社会における言語、歴史における言語など）

これらをまとめて探すための本の例として、『「外国語」の本　全情報45/94』（日外アソシエーツ）をあげておきます。たとえば、「ベトナム語」の項目をみると、ベトナム語についてのいろいろな本がリストされています（図7）。

（二）事物について調べる

次に、事物について調べるための本ですが、これもいろいろとあります。代表的なのは百科事典でしょう。藤野先生のお話にもでてきましたが、最近はCD-ROMになりつつあります。『平凡社世界大百科事典』（平凡社）も最近CD-ROMになりました。

◎百科事典
◎専門辞典（哲学事典など）
◎図鑑
◎事物についての教養書・研究書（事物の起源など）

図7　外国語の本全情報
ベトナム語
◇越南漢字音の研究　三根谷徹著　東洋文庫
1972　171、131p　27cm　（東洋文庫論叢　第53）
＜付：越南漢字音対照表＞　非売品　・・・

図8　近世・近代史料目録総覧
北海道
紋別文献目録　（郷土史関係）　第1集
因幡勝雄・佐藤和利編　紋別　S59(1984)
61p　211.-A102

図9　近世・近代史料目録総覧：五十音順索引
相生市史編纂資料目録集……………………………273
［合川町郷土資料目録］………………………………33
愛山文庫目録（津山郷土博物館）…………………311

図10　明治ニュース事典
西郷隆盛
国賊でも供養は差し支えなし［明治16年2月12日　郵便報知］来る九月は、去る十年城山に亡びし西郷隆盛が・・・

図11　日本肖像大事典：人名目次
西園寺公望（さいおんじきんもち）…………………19
西行（さいぎょう）……………………………………19

(三) 歴史・地理について調べる

次に、歴史や地理について調べるための本です。歴史については年表が、地理については地図が最も基本的といえるでしょう。年表と地図が一緒になっているものもあります。

◎年表
◎地図
◎歴史・地理事典
◎年鑑
◎郷土史・地方史
◎旅行案内書
◎歴史・地理についての教養書・研究書

郷土史・地方史を探すための本として、『近世・近代史料目録総覧』（三省堂）があります(図8)。これは、地域別に、その地域に関わる文書や郷土史の本をリストしたものです。これには、書名の五十音順索引も付いています(図9)。

歴史や地理については、新聞も重要な資料です。たとえば、『明治ニュース事典』（毎日コミュニケーションズ）で「西郷隆盛」の項目を見ると、明治一六年二月一二日の『郵便報知』という新聞に西郷隆盛に関する記事がでていたことがわかります(図10)。これにも、項目名の五十音順索引が付いています。

(四) 人物について調べる

最後に、人物について調べるための本ですが、代表的なのは、やはり人名辞典でしょう。歴史的な人物の場合は、歴史書からも情報が得られる場合があります。

◎人名事典
◎紳士録・名鑑
◎伝記・自伝
◎歴史書

ここでは、少し変わった本として、『日本肖像大事典』(日本図書センター)をあげておきます。この『日本肖像大事典』には、昔から現代までのいろいろな人物の肖像画・肖像写真が集められています。人名目次(図11)で人物の名前を探して、本文を見ます。

もうひとつは、『ひきやすい難読姓氏辞典』(東京電話番号案内局)です。これは、何と読むかわからない漢字の人の名前を調べるときに使います。たとえば、この講座の講師の一人、薬袋先生の名前を探してみましょう。探し方はいろいろあります。

図12　難読姓氏辞典：画数順

【十六画】薬　・・・

薬師神	やくしがみ　やくしじん
薬袋	いらず　みない　みなえ　にない

図13　難読姓氏辞典：音順別索引

くすり	薬（藥）	170
くだ	管	164
くち	口	14

図14　難読姓氏辞典：五十音順

みない	御薬袋
みない	薬袋
みないし	南石

本文は、名前の最初の漢字の画数順に並んでいますので、薬袋先生の「薬」という漢字をこの画数で探します。これは一六画ですので、そこを見ますと、「薬」という漢字が最初に来る名前が並んでいます（図12）。この中に、「薬袋」という漢字がでていて、「みない」と読むことがわかります。

音順別索引もありまして、「薬」という漢字を、その読みで探します（図13）。本文の一七〇ページにあることがわかります。これは、先ほど見た一六画の漢字がでているページです。

逆に、読み方はわかっているが、漢字がわからないときは、やはり本文の五十音順の方を見ます(図14)。「みない」という読みに対する漢字がでています。

データベースで探す方法

それでは、後半の、データベースで探す方法についてご説明します。なお、前半は、本を探す場合と情報を探す場合に分けて説明しましたが、データベースで探す場合も基本的には同じですので、ここからは特に分けないでお話しします。

データベースで探す方法として、現在のところ、大きく分けると三種類あります。CD-ROM検索、オンライン検索、インターネット検索です。

◎CD-ROM検索
◎オンライン検索
◎インターネット検索

CD-ROM検索

まず、CD-ROM検索ですが、これはすでに、これまでの講義で何度か話にでてきた

図15　広辞苑：「季語」の項目

き‐ご

連歌・連句・俳句で、句の季節を示すためによみこむようにとくに定められた語。例えば、鶯は春の季語、金魚は夏の季語。

季の詞（コトバ）。季題。

CD-ROMを使う場合です。本についてのCD-ROMもあれば、その他の、いろいろな情報を含んだCD-ROMもあります。ここでは、前半の、本（印刷物）で探す場合との違いを見ておきたいと思います。

（二）本文中の語でも探せる

例として、『広辞苑』（岩波書店）を取り上げます。たとえば、「季語」という言葉を探してみましょう。左上の入力欄に「季語」を入力し、検索を実行すると、見出し語が「季語」の項目がでてきます（図15）。見出し語の下に説明が付いています。

いまは、見出し語で「季語」を探しましたが、「季語」という語が説明文（本文）の中に入っている項目も探すことができます。これを実行すると、「秋の声」「季重なり」「歳時記」など、一一件の見出し語の説明文中に「季語」という語が含まれていることがわかります。

たとえば、「歳時記」を見てみましょう（図16）。この「歳時記」という見出し語の説明文②の中に「季語」という語が含まれています。

このように、見出し語だけでなく、本文中の語でも探せるところが、

図16　広辞苑：「歳時記」の項目
さいじ‐き【歳時記】
①一年のうち、そのおりおりの自然・人事百般の事を記した書。歳事記。
②俳諧で季語を分類して解説や例句をつけた書。俳諧歳時記。

本で探す場合との大きな違いです。本の場合も、本文中の語が索引にある程度でている場合もありますが、CD-ROMなどのコンピュータで検索する場合に比べると、十分とはいえません。

（二）利用者との相互作用ができる

もう一つの例として、「駅すぱーと」（ヴァル研究所）をみてみます。これを使うと、ある駅から別の駅までの経路と運賃がわかります。たとえば、出発地に「新宿」を入力、目的地に「荒川沖」を入力して、［探索］をクリックしますと、新宿駅から荒川沖駅までは、日暮里駅乗り換えで、一時間三五分、一一一〇円かかることがわかります。これは最短時間の経路で、ほかの経路をみることもできます。たとえば、次に時間の短い経路を選択すると、日暮里駅で乗り換えて、次に北千住駅で乗り換える、という経路がでてきます。

この例でわかりますように、コンピュータを使う場合は、利用者からの入力ができます。本の場合にも地図などの図が付いていますが、利用者が地図の上をさわっても何も変化は起きません。このように、コンピュータを使う場合は利用者との相互作用ができるという点が、本の場合とのもう一つの大きな相違点です。

(三) 本とデータベースの違い

本の場合との相違点として、このほかに、音声や動画(動く映像)も利用できる、などがあげられます。もちろん、どのデータベースにも当てはまるわけではありませんが、可能性として、本とはこのようにちがうということです。

◎見出し語だけでなく、本文でも探せる

◎利用者と相互作用できる

◎音声や動画も使える

◎その他(複製が容易など)

次に、オンライン検索ですが、これは、研究者や企業などでよく使われています。最近は、一般の人も使うようになってきたようです。ただ、きょうは時間の関係で、オンライン検索については省略させていただきます。

インターネット検索

（一）インターネットとは

最後に、インターネット検索についてですが、よくご存じの方もいらっしゃると思いますが、念のために、最初に、インターネットそのものについて簡単にご説明します。インターネットに関連する言葉として、LANとWANがあります。どれも、コンピュータのネットワーク、つまり、たくさんのコンピュータどうしをつなげたものです。LANは、Local Area Network の略で、特定の地域のコンピュータをつなげたネットワークです。ひとつの大学の中とか、ひとつの会社の中のコンピュータをつなげた場合が、LANとよばれます。WANは、LANをいくつかつなげたもの、ということができます。いくつかの大学のLANや、いくつかの会社のLANをつなげると、WANになります。

インターネットは、このWANを世界規模に拡大したもの、ということができます。もとの意味は、Inter Network で、この Inter というのは「〜の間」という意味ですから、ネットワークとネットワークの間をつないだもの、つまり、ネットワークのネットワークです。

◎LAN（ラン）

コンピュータ・ネットワーク

Local Area Network（特定地域ネットワーク）

◎WAN（ワン）

Wide Area Network（広域ネットワーク）

◎Internet（インターネット）

Inter Network（ネットワークのネットワーク）

それでは、このインターネットで本や情報を探す場合について見てみましょう。ここでは、私が加入している「InfoWeb」（富士通）というプロバイダの提供するインターネットサービスを利用します。プロバイダというのは、インターネットへの接続手続きをする会社です。この「InfoWeb」のホームページから、いろいろなデータベースを見ることができます。

普通は、このホームページの「場所」という欄に、そのデータベースがある場所を入力します。データベースがある場所は「URL」とよばれています。本を探すためのデータベースのURLをいくつかあげておきます（**図17**）。「http://」で始まる記号がURLです。ただし、URLは予告なしに変更される場合がありますので、注意してください。このURLをすでに登録してある場合は、「ブックマーク」というものを使って、すぐにその場

図17　本を探すためのインターネットのURL

◎図書館情報大学図書館ホームページ（注1）

http://www.ulis.ac.jp/library

◎実践女子大学図書館ホームページ

http://www.jissen.ac.jp/library

◎国立国会図書館ホームページ

http://www.ndl.go.jp

◎Webcat（学術情報センター）（注2）

http://webcat.nacsis.ac.jp/webcat.html

◎日本書籍総目録（日本書籍出版協会）

http://www.books.or.jp/

◎Book WEB（紀伊國屋書店：会員制）

http://bookweb.kinokuniya.co.jp

◎Sanseido Internet Shopping（三省堂書店：会員制）

http://www.books-sanseido.co.jp

◎岩波書店ホームページ

http://www.iwanami.co.jp

（注1）　現在、筑波大学附属図書館情報学図書館のWebサイトに移行している。

http://www.ulis.ac.jp/library

（注2）　現在、学術情報センターは国立情報学研究所に移行している。

http://webcat.nii.ac.jp

図18　Books：検索結果（一覧）

77冊見つかりました。

書名をクリックすると詳細がみられます。

書名	著者	
三毛猫ホームズの黄昏ホテル	赤川次郎	・・・
三毛猫ホームズの家出	赤川次郎	・・・
三毛猫ホームズの好敵手（ライバル）		・・・

所に行くことができます。

（二）本の検索

まず、前半でお話しした『日本書籍総目録』が、最近、インターネットでも検索できるようになりましたので、これを見てみましょう。「Books」というホームページが『日本書籍総目録』のインターネット版です。

ここで、タイトルに「猫」を入力し、著者名に「赤川」を入力してみます。そして、［さがす］という欄をクリックすると、検索結果として、赤川次郎さんが書いた三毛猫シリーズの本が七七冊でてきます（図18）。ここには、書名、著者、発行年、本体価格、出版社の情報が表示されます。この中のひとつの本を選んで、クリックすると、その本のさらに詳しい情報がでてきます。

次に、この本が図書館に所蔵されているかどうかを調べてみましょう。やはり、前半と同様に、国立国会図書館にあるかみてみます。国立国会図書館のホームページをよびだして、そこに表示されているいくつかの選択肢の中から［和図書の情報検索］を選びます。ここで、さらに［和図書］という欄をクリックしますと、国立国会図書館が所蔵している和図書のデータベース（一年分）を検索する画面になります。この画面で、書名に「猫」、

図19　国立国会図書館和図書検索：検索結果

ヒット件数　6件

1．三毛猫ホームズの無人島
　　　／赤川次郎著　・・・

・・・・

5．三毛猫ホームズの黄昏ホテル
　　　／赤川次郎［著］・・・

6．三毛猫ホームズの好敵手／赤川次郎著　・・・

著者名に「赤川」と入力し、［検索］をクリックすると結果がでてきます（**図19**）。

（三）リンクの利用

次に、図書館情報大学附属図書館のホームページを見てみましょう。この中に、［他機関のＯＰＡＣ］という項目があります。これをクリックして見てみましょう。ＯＰＡＣというのは、図書館のコンピュータ目録のことです。ここには、他の大学や研究所などの図書館のＯＰＡＣのリストがでています。この中からどれかを選んでクリックしますと、その機関が作成しているＯＰＡＣを検索することができます。つまり、図書館情報大学附属図書館のホームページから、別の機関のホームページにリンクされていて、クリック一つで移動することができます。

公共図書館については、他のところで作成されたリストがあります。さきほどの［他機関のＯＰＡＣ］の画面の上の方に、［日本図書館協会図書館リンク集］という項目があります。これは、日本図書館協会が作成したもので、全国の公共図書館が作成しているホームページにリンクされています。これを選んでみましょう。

まず、［日本図書館協会図書館リンク集］の欄をクリックします。すると、図書館情報大学附属図書館のホームページに、今回の副会場のひとつである江別市情報図書館の名前がでています。このホームページから、この［リンク集］のホームページに移ります。ここをクリックすると、江別市情報図書館のホームページに移ります。ここで、［新着図書案内］をクリックしますと、江別市情報図書館に新しく収集された本がリストされて出てきます。

これらの例でわかりますように、ひとつの情報源を見つけると、そこから他の情報源へリンクされていることが多く、いくつもの情報源を次々に見つけることができるのが、インターネットのひとつの大きな特徴です。

(四) 検索の際の注意点

このように、大変便利なインターネットなのですが、注意しなければならない点もあります。それは、インターネットに限らず、コンピュータで検索する場合にいつも注意しな

図20　Books：検索結果（一覧）

本を分類する	緑川信之著
日本列島　幽霊事件30話	緑川崇久著
日本の四季	緑川洋一著

ければならないことなのですが、どのような言葉を入力して検索するか、という点です。

例をあげてご説明します。先ほど見た『日本書籍総目録』のインターネット版「Books」で、タイトルに「本」、著者名に「緑川」と入力してみます。まず、著者名を見ますと、私の「緑川信之」以外の名前もでてきています（図20）。また、書名を見ますと、「本」と入力したのですが、「日本」という言葉を含む本もでてきてしまっています。

私の本だけを出したいときは、著者名の姓と名を両方とも入力するか、あるいは、書名が『本を分類する』ですから、「本」ではなく「分類」を、あるいは、「本」と「分類」の両方を入力すればよかったのです。つまり、できるだけ詳しい情報を入力する、あるいは、できるだけ特定的な言葉を入力した方がよい検索結果が得られます。「特定的」というのは、この場合、「本」は「日本」などいろいろな言葉の中で使われていますが、「分類」はそれほど多く使われてはいないでしょうから、「本」よりも「分類」の方が特定的だということです。

言葉を入力する際のもうひとつの注意点は、同義語や類語に注意する、ということです。これは実際にあった話ですが、私の父が俳句を始めたいと思って、本屋さんに季語を集めた本をさがしに行ったのですが、見つけられませんでした。店員さんにも聞いて、書棚まで見に行ってくれたそうですが、やはり、「ない」といわれたそうです。その本屋さんはある程度大きい本屋さんなので、無いはずはないと思って、後で私が見に行ったところ、たくさんありました。

ただし、「季語」という言葉は書名には使われていませんでした。先ほど、『広辞苑』のCD-ROMで見ましたように、季語を集めた本のことを「歳時記」とよんでいます(図16②)。私は俳句には詳しくないのでそんなことは知らなかったのですが、本屋さんでなら俳句の棚に並んでいる本でそれらしいものを選んで、その中身を見て確認することができます。だから私でも見つけられました。しかし、これがデータベースだったらどうでしょう。書名のところに「季語」で入力しても、「歳時記」という書名の本はでてきません。つまり、「歳時記」という言葉を思いつかない限り、探せないのです。

「季語」だけでも、ある程度の数の本がでてきますが、「歳時記」の方が圧倒的に多くの本が検索されます。実際に、「Books」で検索してみたのですが、「季語」では二六冊、

「歳時記」では四九〇冊でてきました。ただし、「歳時記」という言葉は、さきほどの『広辞苑』にもでていましたが、「季語を集めた本」という意味の他に、「一年の行事などについて書かれた本」のことを意味する場合もあります（図16①）。ですから、四九〇冊の中には、季語を集めた本ではないものも多く混ざっていると思います。このように、同義語あるいは類語というのは、検索の際に十分注意しなければなりません。

以上の注意点をまとめますと、このようになります。

◎できるだけ多くの情報を使う

◆著者名の姓だけでなく、名も入力する

◆書名の中の言葉を一つだけでなく、複数入力する

◎できるだけ特定的な言葉を使う

◎同義語・類語に注意する

これらは、本などの印刷物で探すときも基本的には同じですが、コンピュータによる検索の際は特に注意しなければならない点です。このほかにもいろいろな注意点や、テクニックがありますが、状況によっても違いますので、これくらいにしておきます。

（五）サーチエンジン

インターネットは、本をさがす以外にも、もっと様々な情報を探すことができます。本を探すためのデータベースはURLを調べるのが比較的簡単で、これまで説明しましたように、一つの情報源が見つかればそこからリンクを使って別の情報源にアクセスすることも可能です。しかし、本以外の情報を探す場合には、URLが知られていないものがたくさんあります。

こういう場合には、サーチエンジン（検索エンジン）というものを利用する必要がでてきます。これは、インターネット上のさまざまなホームページやデータベースを、キーワードや分類項目を使って探すためのソフトウェアです。「Yahoo!」とか、「goo」など、いろいろとあります。詳しくは参考書をごらんください。

参考文献

長澤雅男著『情報と文献の探索』第3版、丸善、一九九四、三三七頁
緑川信之編著『情報検索演習』東京書籍、一九九八、二三一頁（新現代図書館学講座7）

（一九九八年二月七日収録）

ディジタル図書館

田畑孝一

田畑孝一（たばた　こういち）
一九四一年静岡県生まれ。京都大学工学部卒業。京都大学工学博士。京都大学助教授を経て、一九八二年より図書館情報大学教授。情報処理、情報システム工学からディジタル図書館（電子図書館）に研究領域を広げた。一九九九年より図書館情報大学副学長。二〇〇二年一〇月、筑波大学への統合で、現在、筑波大学大学院図書館情報メディア研究科教授、知的コミュニティ基盤研究センター長。主な著書に、『ＯＳＩのおはなし』（日本規格協会）、『ディジタル図書館』（勉誠出版）など。

皆様は電子図書館という言葉をずいぶん前からお耳にしているかと思いますが、本日のテーマのこのディジタル図書館という言葉はそれと同義語です。数年前から国際的に電子図書館というよりもディジタル図書館ということが多くなってきましたので、この講座でもそのように呼びたいと思います。

私の話の成り立ちですけれど、三分の二がビデオになっています。ビデオは私自身が学生と直接出かけて取材したものです。その後それを編集しましたが、それも私ども自身で行いました。ディジタルビデオという最近のやりかたで撮影と編集を試みました。

ディジタル図書館とは

さて、ディジタル図書館はこれまでの図書館といったいどう違うのかをまず説明したいと思います。これまでの図書館は、図書館という建物があって、そこへ人が乗り物に乗って出かけていって、何か探して借りてくるというものです。それに対して、ディジタル図書館というのは、インターネットを基盤にして、その上に構築されるものです。インターネットには世界中の図書館がつながっていて、人は家庭のパソコンからそれを利用するということになります。したがって、人は図書館へわざわざ行かなくてもよく、家から直接使えます。

これまでの図書館の場合は近くの図書館しか利用できず、アメリカの図書館へ本を借りに行くことなど全く考えられませんでしたが、ディジタル図書館の場合はインターネットでそれらが結ばれていますので、直接アメリカの図書館を利用できるわけです。そういう意味では使える図書館が格段に増えているといえます。

両者を時間と費用の点で比較しますと、これまでの図書館の場合は乗り物に乗って行くので、時間がかかりますし、乗り物に乗る費用もかかります。一方、ディジタル図書館の方は、家から直ぐに図書館の中の物が見れるので時間は即座です。費用については、乗り物に乗らないのでその必要はないですが、パソコンを買わなくてはならないので一〇万円、二〇万円という費用がかかります。またインターネットに加入する費用が要ります。つまり、便利な分、費用がかかる訳です。

ディジタル図書館とパソコン

ディジタル図書館とは何かを一言でいえば、いわば「インターネットにつながった家庭のパソコン」いうことになります。つまり、パソコン自身が図書館であるというのがディジタル図書館の利用者側からの意味になります。そこで、これを実際に実演で見ていただこうと、インターネットにつながっているパソコンを用意しました。いまからパソコンの全体を写してもらえると思いますが、あのパソコンが既にディジタル図書館であるというわけです。先ほど、世界中の図書館が見れるといいましたけれども、実際に本当にそうかということを実演してみたいと思います。パソコンの前にいるのは、図書館情報大学の枚本先生です。枚本先生ひとつよろしくお願いいたします。

枚本重夫助教授の話（一）

どうぞよろしくお願いいたします。さっそく画面のほうに移ってお話を進めていきたいと思います。まずインターネットということで、いま長野のオリンピックのページが画面に出ていて、こちらのほうが魅力的かと思いますが、これには消えていただきます。先程、あれこれ見ていて、本講座の副会場である江別市情報図書館というのを見つけましたので、ちょっと読んでおりました。

さて、最初にディジタル・ライブラリーということで非常にアクティブに進めていますアメリカの議会図書館 The Library of Congress（http://www.loc.gov/）へ行ってみようかと思います。いま長野にアクセスし、北海道にアクセスしていたのが、直ぐアメリカに飛ぶわけです。アメリカの議会図書館はいろんなことをやっていますが、非常に面白いものにアメリカの歴史に関する資料を集めた「アメリカンメモリー」というコレクションがあります。アメリカンメモリーは非常にたくさんの資料を所蔵しているんですけれども、我々に馴染み深いものを見ますと、ここにリンカーンの写真があります。これを選びますと、「ミスター・リンカーンズ・バーチャル・ライブラリー」というものが出てまいります。こういうものが入っているんだよという説明がここに書いてあります。たとえば、ここですと、「リンカーン・アサシネーション」ですからリンカーンの暗殺に関するものになります。インターネット上で利用できるリンカーンに関する資料というので、南北戦争のころの selected civil war photograph を選んでみますと、グラント将軍、リー将軍などと、このようにどんどん資料を辿っていくことができます。これはディジタル図書館の中で典型的なもので、かつ世界の中でも非常に大きいものの例かと思います。

翻って、日本国内で代表選手として国立国会図書館のページ（http://www.NDL.go.jp/）をアクセスしてみようと思います。いま、リアルタイムにアクセスしております。幸い今日は日曜日で、ネットワークが空いているようで、情報スーパーハイウェイとはいいますけれど、やはり日曜日の方が使い易いようです。最初にメニューがあり、「電子図書館プロジェクト」、「図書館員のためのページ」など、いろいろあります。その中で、この「NDLギャラリー」、ここに結構きれいなものがコレクションされています。現在は「西洋の植物図譜」が入っていて、その一つ目は「ドイツ野生薬用植物誌」です。その中にはきれいな植物のイメージがあります。東京の国立国会図書館の中で動いているディジタル図書館用のインターネットのサーバにアクセスして、直接こういうような資料を読めるという例です。

（枚本重夫助教授の話・終わり）

ページイメージとフルテキスト

それでは次に話を進めまして、従来からの紙の図書や資料を、どういうふうにディジタル化あるいは電子化するかというお話をします。二通りあります。ひとつは、印刷したページそのものをそのまま画像としてコンピュータの中に入れ、見るときもそのまま紙のイメージを写して見るというもので、ここではそれをページイメージと呼びます。もうひとつは、紙の上に書かれている文章を一文字一文字、キーボードでコンピュータに入力するもので、ここではそれをフルテキストと呼びます。見る場合は、そのテキストをコンピュータの文字表示機能を使って見ます。もとのページの形態は消失します。ただし、図面の部分は画像としてコンピュータに入れます。

これらには一長一短がありまして、イメージで入れるときは安い値段で入りますが、入れたときには情報量が多くフルテキストに比べて一〇倍くらいメモリーを食います。一方、フルテキストは入れるときの費用がイメージより一〇倍高くなります。しかしフルテキストの場合は後から申しますような全文検索とかいろいろ使えますので、それなりに有利だと思います。

ここで、実例で見せたいと思います。ここにありますのは一九九四年八月から図書館情報大学で開かれているディジタル図書館ワークショップ（主催者代表・田畑孝一）の論文集で、その全文すべての文章をフルテキストの形でコンピュータの中に入れております。そして、これはインターネットから自由にアクセスできるようになっております（http://www.DL.ulis.ac.jp/DLjournal/）。一方、ページイメージも用意しましたので、それもお目にかけたいと思います。ここにその一〇号がありますが、それがコンピュータの中でどうなっているかをお見せしたいと思います。では枚本先生よろしくお願いします。

枚本重夫助教授の話（二）

それではまず、最初にページイメージの方からなんですけども、まず表紙がありまして、その次に目次を読むことができます。目次の中から、読みたいもの、ここに「疑似語句抽出による云々」という表題の論文がありますけれども、これを読みたいとします。これを選択、具体的にはマウスのボタンでクリックして選択するわけですが、そうしますとこんなふうに画面上に表示されます。これはページイメージをいわゆるスキャナと呼ばれる装置からページ単位で読み込んで作り出したものです。次のページに行きたい場合は「次へ」をクリックすると、そのページへいって読めます。

皆様ご覧のテレビの画面ですと少し文字が荒れているかも知れませんが、パソコンの画面ですと精度が高いので、まあ読める大きさに文字は表示されています。文章中に図が入っているページの場合も、紙に印刷されたものがそのまま入っているので、文章も図も同じ画面で見ることができます。

それに対しまして、先ほどお話がありましたフルテキストで入れているものの例をお示ししたいと思います。これは「ディジタル図書館」で ISSN1340-7287 です。その一号から一〇号までが入っているんですけれども、ここでは一〇号を選択します。すると目次がありまして、先ほどと同じ論文を見てみます。そうしますと、画面上にいっぱいに出てきておりますけれども、これは印刷された形態ではなくて、いわばワープロで作ったような形態で表示されております。先程との違いは、ページのレイアウトというのはこれにはないので、例えば図を見たいというときには、ここに図1というリンクのしるしがあるんですけど、そこをクリックすると、その図が別の画面に表示されます。大きな違いは、こちらの方がデータ量が少ないということと、テキストの上での文字の検索が可能となっています。一方、ページイメージでは検索ができません。

（枚本重夫助教授の話・終わり）

全文検索

ディジタル図書館では全文がコンピュータの中に入っているということで、これまでの書名、著者、出版社、よくても抄録までしか入っていなかったという状況とは違っていることになります。全文が入っていることに、どんな利点があるかについて説明します。それは全文検索が出来るということです。ここに記事一、記事二、記事三があります。

記事一
〔春の日〕「桜の花が咲き乱れる大学の中庭で新入生の歓迎パーティが開かれた。期待に顔を輝かせた学生が……」

記事二
〔夏の日〕「夏の太陽がぎらぎらと照りつける中、登山の途中で、道の傍らに、紫色の可憐な花を見つけた。……」

記事三

〈秋の日〉「どこまでも澄み切った青空のもと、大学のグラウンドで、体育大会が行われた。……」

〈春の日〉という表題が付けられている記事一では、「桜の花が咲き乱れる大学の中庭で云々」というようなことが書いてあり、それが本文です。例えばキーワードを「大学」として全文検索をしますと、記事一、記事三が挙がってきます。記事一と記事三の本文中に大学という言葉があり、記事二の本文のどこにも大学という言葉がありません。それゆえ、記事一と記事三が選ばれたわけです。キーワードを「花」として全文検索をしますと、記事一と記事二が挙がってきます。要するに本文中にそのキーワードが含まれていると、その記事がピックアップされてくるわけです。あとで全文検索用語がいろいろと出てきますので、ここで理解しておいていただければと思います。

デジタル図書の例

それでは次にビデオをお見せしたいと思います。国立国会図書館の支部に上野の国際子ども図書館というのがありますが、そこにあるシステムをお見せします。そこでは、絵本を見開きで写真に撮り画像として入れ、文章を別途フルテキストとして入れ、さらにその文章の朗読音声を入れています。つまりマルチ・メディア・システムになっています。いまからビデオを再生しますのでご覧になって下さい。

ビデオ再生：国立国会図書館支部上野図書館（一九九七年一二月一二日収録）

このようにマルチ・メディアということで、音声も一緒に出てきます。紙の場合はそういうことがなかったのですが、ここでは、文章も絵も音も同時に出てくるわけです。

大学におけるディジタル図書館

次に大学におけるディジタル図書館ということで、奈良先端科学技術大学院大学の電子図書館の例をお見せします（http://www.aist-nara.ac.jp/）。これは世界で初の実用電子図書館と言われています。この図書館では、紙の文献をページイメージとフルテキストの両方でディジタル化されています。フルテキストを作る際、この図書館では一文字一文字をキーボード入力するのではなく、印刷文字を光学文字読取り装置、ＯＣＲというもので読み取っています。当然その時にはかなり誤りが発生しますが、それは承知の上で入れてるわけです。あるキーワードを考えたときに、そのキーワードは全文の中に何回も出てくるのが普通ですから、一、二か所間違えていても全体としてはどこか正しいところで引っ掛かかり、全文検索が可能になると期待しているわけです。検索結果の文献の表示には、そのページイメージを用います。ビデオを再生します。

田畑孝一の話（一九九七年八月二五日収録）

私は、図書館情報大学の田畑孝一です。数年前に開学されました奈良先端科学技術大学院大学にやってまいりました。この大学は学部を全く持たなく、大学院生だけの大学です。学生さんは七〇〇人程と聞いております。この大学院大学には昨年度から電子図書館が附属図書館として開館しております。これが附属図書館ですが、看板にありますようにその名前が電子図書館となっております。玄関の屋根は二つの円筒で構成されていますけれど、これはＣＤ-ＲＯＭをイメージしたものと聞いております。

（田畑孝一の話・終わり）

奈良先端科学技術大学院大学――千原國宏教授の話（一九九七年八月二五日収録）

奈良先端科学技術大学院大学の附属図書館は、電子図書館ですが、我々が電子図書館を作ったきっかけは、いつでも、どこでも、だれでも、なんでも読めて見えるものにしたいと考えたことにあります。そういう意味で図書館という建物はございますが、印刷体の本がたくさん並んでいるというわけではなくて、本というよりは本に入っている中身、いわゆる情報が全学に分散して存在しているようなイメージを考えていただくと、電子図書館というものがよくご理解いただけるのではないかと思います。

例えば、ある本を買っても本自体が大事なのではなくて中身を読まないと意味がないわけです。つまり積ん読というのでは意味がないわけです。そのことと同じように、従来の図書館は、積んでおくためのスペースというものを中心に置いていたわけですが、奈良先端科学技術大学院大学の図書館は、そうではなくて情報（中身）を読んだ状態にしてコンピュータの中に入れておく。そして自分が読みたいと思ったときに、コンピュータが読んでくれた内容を自分の目の前で見ると、こういうことが可能であるということです。

だから、我々の大学の中にアカウント、まあ図書館にアクセスすることが許されている人であれば、東京にいても、ニューヨークにいても、ロンドンにいても、我々のこの図書館の中に入っている情報にインターネットを通じてアクセスすることが出来るわけです。その反面、大学にアカウントがない人（コンピュータを使う権利のない人）は、この大学の中にいても電子図書館の情報を見ることは出来ません。

（千原國宏教授の話・終わり）

奈良先端科学技術大学院大学——今井正和助教授の話（一九九七年八月二五日収録）

奈良先端科学技術大学院大学の電子図書館システムを利用する際に、トップになりますホームページがあります。ここでは電子図書館の機能としての図書資料の検索機能についてご説明いたします。図書資料検索をクリックいたしますと、このように出てまいります。本学では、蔵書の種類を図書、雑誌、論文、学内論文、ビデオ、CD-ROMというカテゴリーに分けております。この中のどのカテゴリーのものからどのようなキーワードで探すのか、そしてそのキーワードが本文も含めたすべての文章の中から（OCRの結果を使っております）、あるいは目次、抄録またはタイトルからこういう指定ができますが、この中にここに示しますキーワードを含むもの、あるいはタイトルから含むもの、著者から含むもの、というふうな選択ができます。

例えば電子図書館というキーワードについて検索をしてみましょう。電子図書館というキーワードをここに入れて、本文の中に一度でも電子図書館という言葉が出てくる論文を含む全てのものを検索してみます。現在電子図書館についての検索要求がサーバーの方に送られサーバーの方で検索をしております。これがその検索結果で、図書には四件の電子図書館という言葉が含まれたものが、そして雑誌では全部で五七件ありますよ、という答えが返ってきております。そして論文の場合にはすべてで八二件データがあるという答えが返っております。

ここで皆様ご覧になって分かると思うんですけれども、ここのところに黄土色のアイコンが見えていると思います。これはこの本については、あるいはこの論文、この雑誌については電子化がされていて、このWebからページを見ることが出来ますよ、ということを表しています。そして緑のものもあります。緑のものもやはり黄土色のものと同じようなんですけれども、黄色と緑の違いは、黄色の物は著作権の関係で本学の関係者以外はアクセスできません、ということを表しています。ですが緑のものは学外者の方もアクセス出来るというふうになっております。

それでは例えばこの論文を見てみましょう。このアイコンをクリックしますと、本学の関係者かどうかということを確かめるためのユーザＩＤとパスワードをシステムの方が要求してきます。正しく入力されますと、このように論文の画像がブラウザの方に送られてまいります。ここのところにありますのは、ちょうどいま見ているこの下に写っているページが上のこの四角のなかのこの真ん中にあって、この部分よりも左側が古いページ、右側が後のページということを表しています。そしてたとえばこの小さなもので見ますと、このところに絵があるのでこの絵を見てみたいというのであれば、このページをクリックするとそのページがあらわれます。ちょうどこのページにはカラーの絵がありますが、カラーのものもこういうふうな形で見ることができます。

続きまして先程の検索結果の中でご説明しなかったもので、もうひとつご説明したいことがあります。それは、我々の図書館では、ビデオ情報も電子化してサーバの中に蓄えております。これはその電子図書館という言葉に対するキーワードで検索した結果なんですけれども、全部で七件のものが検索されました。このビデオを閲覧するには、このビデオのアイコンをクリックしますと、ここにありますこのような形でビデオを再生し、見ることができます。

それでは我々の大学の電子図書館に対するアクセス状況のご説明をいたします。こちらのWebの画面に、自動的に統計をとりましたWebのアクセス状況が表示されておりま す。このグラフでご覧いただきましても分かりますように、大体このへんが一〇万件のラインなんですけども六、七万件から一〇万件、毎月アクセスがあります。それでは今年の六月現在の利用状況をご覧いただきます。六月にはおよそ一〇万四千件のアクセスがありました。その内訳なんですけど、ここにありますように、上の紺色の部分が学内からのアクセスです。下の緑の部分が日本国内からのアクセスでして、その他の部分はよく分からないというものも含めまして、こういうふうな比率になっており、およそ半分くらいが学内、残りが学外とその他というふうになっております。これは各時間帯毎のアクセスをグラフ化したものです。六月の結果なんですけれども、大体お昼の一時から二時ぐらいがこの月の場合、ピークとなっております。他の月も見てみますと、大体三時とか四時、五時ぐらいまでの間がピークとなっており、これぐらいの時間へのアクセスが集中していることが分かります。

（今井正和助教授の話・終わり）

千原國宏教授の話（一九九七年八月二五日収録）

確かに紙のない図書館というものを作るのは非常に難しいです。今のところオリジナルというか電子化するためのもとの情報というのは、ほとんどが印刷物ですから、紙になっています。それを、コピーを取る要領で電子化しています。現在、大体二〇万ページ弱の電子化データが収録されているわけですけれども、それが多いのか少ないのか、私にはよく分かりません。ただ、自分が必要とする情報がそこに入っているという意味では、私自身はこの電子図書館というものの存在に満足しておりますし、これからもこの電子図書館が私にとって便利な図書館であるように努力を続けてまいりたいと思っております。

また、先端科学技術を支える設備として電子図書館があるわけです。電子図書館があるから支えるのではないわけです。ここが非常に大事なところです。やはり、自分がこういったシステムを作りたいとか、こういった機能をもっていればいいな、ということを常々考えて、その機能なり、システムに近付くように日々努力しないと、こういったシステムは駄目になってしまいます。これでいいというような満足感は常に必要ですが、満足感を得たからといって次に努力することを忘れたのでは電子図書館というものは、いずれ駄目になってしまいます。

電子図書館を作ろうとする動きは、多くの所で活発になっていますが、やはり、そこの構成員がこういったものが欲しい、例えば奈良先端科学技術大学院大学なら最初に申し上げましたように、いつでも、どこでも、だれでも、なんでもという思想で図書館を作ろうと思い至ったように、電子図書館を作ろうという動機はそれぞれ違うと思います。紙のない図書館を作ろうと思えば、紙がないようなシステムはどうして作ればいいのだろうかということを考えながら、最初から紙がないんじゃなくて、そのうちに紙がなくなってくる、とそういったような図書館づくりに励んでいく。いろんな場所、いろんな立場で自分の努力を続けることによって、電子図書館というのは様々な姿で、いろいろな所に立ち上がってくるのではないかと思います。

我々の大学は、世界で最初の実用電子図書館という自負を持っています。そういう自負を公言することによって、自分の次なるステップのプレッシャーにして、さらにいい電子図書館にしていきたいと思っています。

（千原國宏教授の話・終わり）

今ご紹介したこの電子図書館ですが、お作りになった方々が予想していなかった大きな知見が得られております。利用状況は一か月に一〇万件くらいということでしたが、その半分がインターネットを介して学外から使われています。ところが実は、検索した文献の中身の本文は、学内の人しか見られないシステムなんですね。ですから、学外の人には中身は見られないのに一か月五万件もアクセスしてくる、というのはちょっと不思議ですね。

それはなぜかというと、全文検索の機能があるので学外の人はそれを使って全文検索する、そしてそこで検索された文献のタイトルを見て、そのタイトルの文献を自分の身近な図書館で手に入れるからです。これは本当に予想外の良い全文検索の効果だということで、関係者はたいへん喜んでいらっしゃいます。

学術情報のディジタル化

次に日本における学術情報をディジタル化しようということで、文部省の学術情報センターがやってるプロジェクトですが、それについてご紹介いたします (http://www.nacsis.ac.jp/)。このプロジェクトでは、本文はページイメージで入れていて、その中身を奈良先端科学技術大学院大学のようにOCRで読み取ってはいません。検索はタイトルとか抄録のところで行います。抄録の部分は文字で入力してあるので検索できますが、本文の全文検索はできません。ビデオをスタートします。

文部省学術情報センター――安達淳教授の話（一九九七年一〇月八日収録）

学術情報センターの安達淳と申します。これから私どものセンターが今年の四月から始めました電子図書館サービスについて、その内容と今後の展開についてご紹介したいと思います。私どものセンターは、文部省の配下にある研究所の性格の組織でございまして、やっております事業は大学などに対するネットワークとデータベースのサービスです。従来から日本の学会、学会と申しますのは大学の先生や学生が会員となりまして研究成果を発表しお互いに交流するための組織で、わが国にはもう一〇〇〇を越える学会がございます。そういう学会が学術論文を掲載した雑誌を発行しております。これを学術雑誌と言っております。それを従来は本屋さんで売って大学の図書館などで閲覧するという形で利用しておりました。

私どものセンターが始めました電子図書館サービスというのは、図書館と申しましてももう少し限定的で、この学術雑誌をインターネットの上で提供しようというサービスです。ですから、従来は紙の形で購入していたもの、あるいは図書室で閲覧していたものを、ここにありますようなコンピュータの上で自分の机にあるコンピュータの上で、自由に見たり必要な時には印刷したりすることが出来るようにしようというものであります。現在半年程経過したところですが、多くのわが国の学会からこのプロジェクトに対する賛同を得ることができまして、既に二〇数の学会から集められた四〇以上の雑誌をデータベースとして作ろうとしております。

さてこれから実際のコンピュータの前でこの学術情報センターの電子図書館システムがどのように動くかというのをお見せしたいと思います。こちらにありますのがつくばにありますす図書館情報大学の中に置かれた、パソコンであります。インターネットでよく使われていますブラウザというものを立ち上げてあります。この中で既にもう学術情報センターの電子図書館システムが呼び出されているわけですが、その最初の方の画面です。この四角い枠の中に、現在参加していただいている学会の名前が列挙されております。情報科学技術協会、人工知能学会、日本音響学会などの学会がずらっと並んでおります。私どもとしては、わが国のいろいろな学会がこのプロジェクトにどんどん参加していただきたいと思っております。さて、一個一個の学会をこのようにクリックして、例えば人工知能学会を今選んだ状態ですが、一個の学会を選ぶこともできますし、例えば左側のこの枠の中で、分野ということで、全ての分野の学会、人文科学の学会、法律学の学会とか工学分野の学会というふうに選ぶことも可能です。

今は人工知能学会ということにスポットを当てて、この学会の発行している雑誌を調べてみましょう。そのためにはここで検索開始というボタンをクリックいたします。人工知能学会は、『人工知能学会誌』というタイトルの雑誌を発行しております。現在その最新号ということで、第一〇巻の第六号が入っているという情報が出てますので、この第一〇巻の第六号を見てみましょう。今、この電子図書館のサービスを行なっているサーバのコンピュータは、千葉にあります学術情報センターの計算機室に置かれております。これらの情報は、全て千葉からインターネットを通じて送られてきているものです。『人工知能学会誌』の第一〇巻第六号というものの表紙はどのようなものか、見てみましょう。そうすると送られてまいりました、これが図書館に並んでいる人工知能学会誌の第一〇巻第六号一一月号です。ちょうどゲームプログラミングの特集号ということで、面白そうな内容になっています。もう一度目次に戻りまして、面白そうな論文を探してみることにしましょう。最初に目次がありまして、この小特集の前書のようなものがあります。囲碁の論文があります。詰め将棋の論文があります。さてじゃあ、コンピュータの囲碁研究という少し解説をしてあるらしいと思われる論文を見てみることにしましょう。そうするとそのページが出てまいります。このコンピュータ囲碁研究というのは、NTT基礎研究所の斎藤さんという方がお書きになった論文であるということが分ります。コンピュータの画面の上ではかろうじて読める程度の解像度で文字が出ております。次のページの様子はどうでしょうか。このように囲碁の局面が次々と画面に出てまいります

以上のように、このセンターでは多くの学会から出ている論文等を積極的に集めてディジタル化しているわけです。

（安達淳教授の話・終わり）

貴重資料のディジタル化

それでは次に貴重資料のディジタル化ということについて話をしたいと思います。例えば国立国会図書館では既にもう一〇〇〇万ページをページイメージの形態でディジタル化しています。その中の大部分はいわゆる貴重資料で日本古来の文化を表すものです。この場合、いわゆる著作権の問題がないのでやりやすいのですが、同じようなことをいろいろなところで競ってコレクションをやっているわけです。国立国会図書館に限らず世界的にもそうですし、日本の各地でも古来からのものを電子化して、何とかコレクションという

ことで集めています。それらはただ機械的に電子化するだけではなく、それに解説をつけたりする大変な作業があるわけですけど、それを含めてディジタル化しています。ここでは、国立国会図書館で、児童関係のことをやっているところから取材してきたものをお見せしたいと思います。

国立国会図書館支部上野図書館——亀田邦子館長の話（一九九七年一二月一二日収録）

国際子ども図書館における電子図書館の基盤となるシステムとして児童書検索システムをご紹介いたします。このシステムは国立国会図書館が所蔵する約一三万冊の児童図書を検索するシステムです。そのうち特に貴重な古い児童書につきましては、その全冊のディジタル画像をご覧いただくことができます。

では一つ検索してみましょう。まず竹久夢二の本を探してみましょう。この著者の所に竹久夢二と入れます。そうしますと竹久夢二の書いた児童書がここに全部で一四件あるというのが、出てまいります。ではこの中で、『りんごののぞみ』という本を見てみましょう。ここで『りんごののぞみ』という本の書誌情報が出てまいります。この本は、挿し絵は竹久夢二で、文章を書いた方は、小野政方という方です。

それでは次にこの全部を見てみましょう。ここに本のマークがありますけれども、これはこの本が全部ディジタル画像として入っているということを表しています。文字が少し小さいので、これを少し拡大してご覧いただくこともできます。ここに青い本のマークがついておりますものにつきましては、特に美しい挿し絵などのカラー画像が入れてあるものを示してあります。ではこれのカラー画像を見てみましょう。これは縦長の本ですので、画面が最初は横になって出てきます。回転させてご覧いただきます。カラー画像ですので、少し時間がかかります。ではこの絵も拡大してご覧いただきましょう。

（亀田邦子館長の話・終わり）

ここに紹介されたシステムは国立国会図書館のWeb (http://www.NDL.go.jp/) の中の「電子図書館プロジェクト」の項で見ることができます。

図書館における第三の波

それでは、ディジタル図書館の社会的な側面についてお話したいと思います。アルビン・

トフラーは、社会学者ですけども、一九八〇年に『第三の波』という本を書いております。この中で、第一の波は数千年かかって行ってきた農業革命である、第二の波は産業革命である、そして第三の波は「これから」というふうに言っています。第一の波の農業革命では生産と消費が一体となっていて、何でも出来る人という個性的な能力が尊ばれた時代である。第二の波の産業革命になると生産と消費が分離して、そこでは規格化とか分業化、集中化とか中央集権ということがまかり通って、非人間的な状況にあるのではないか。第三の波は「これから」ですが、これは第一の波へのある意味での回帰で、生産と消費の融合が起こり、非人間的な状況を克服した良い時代になるのではないかといっているわけです。

この話になぞらえて、図書館を考えてみると次のような感じになるのではないかと思います。「図書館における第三の波」ですが、第一の波の農業革命に相当するものは分類法の発明とでもいえるのではないかと思われます。デューイの十進分類法というものですけど、それまで長くいろいろな分類法の模索があって、やっと一八〇〇年代後半に出現しました。第二の波の産業革命に相当するものはコンピュータ革命です。現在いわゆるＯＰＡＣと呼ばれるように、図書の書誌情報がコンピュータの中に入って、それで検索ができるという状況です。私どもの大学、図書館情報大学は、この第二の波によって出来たと言っても過言ではありません。そしていよいよ、第三の波の「これから」がディジタル図書館に相当し、まさにこれからの時代です。

ここで大事なことは、アルビン・トフラーが言うように、人間性の問題です。分類法の時代、第一の波の時代は、何でも分かる司書がいまして、その人を通して非常に人間的な触合いがあったであろうと思います。第二の波の現在はですね、OPACとか何とかいいまして人間が機械とやりとりしている状況で、司書との触れ合いもなく、なんとなく人間性が失われている状況である。ところが、ディジタル図書館になりますと、インターネットで情報を個人が発信できることを含めて、書く人と読む人が一体化するような時代になるだろうということです。要するに第一の波の時代のように、第三の波の時代、ディジタル図書館の時代が人間性あふれるものになると期待されるわけです。

第一の波の時代は図書目録カード、第二の波がOPACと図書情報検索システム、第三の波がこれからのディジタル図書館ということとなりますが、それらが対象とする内容は、第一の波、第二の波ではいずれも書誌情報でしたが、第三の波では全文情報となるわけです。

ディジタル図書館と社会の関わり

別な観点から見てみますと、次のようにいえると思えます。今までに社会・文化の変革に関わった技術というものを見てみますと、大きなものに印刷、放送、ディジタルというものがあります。それらの技術に対応する媒体は、それぞれ、紙、電波、ネットワークです。

紙への印刷技術は一五世紀の中ごろグーテンベルグが発明したといわれているものです。電波は、ラジオ放送もありますけど、特にテレビ放送で四〇年前です。ネットワークが媒体のディジタルは、いま始まったところ、これからの状況です。

印刷技術が発明される以前は情報の発信者、受信者とも長く社会の選良、エリートでありました。印刷技術が発明されると、情報の発信者は選良、エリートであったが、受信者は大衆となった。大衆が印刷したものを読むことによって産業革命が起こったといわれるくらい、印刷技術の発明は社会に影響力があったといわれています。同様に、放送技術の場合も、エリートが発信し、さらに多くの大衆が受信しています。放送技術もテレビの電波は国境を越えて、社会体制を変えるくらいに大きい影響があったとヨーロッパではいわれています。

それでディジタルの時代、ネットワークになりますと、受信者はもちろん大衆ですが、発信者も大衆になるということで、これは今までと全然違います。発信者が大衆ということはこれまでに経験したことがない状況にあるので、これから本当にどうなっていくのか。きっと、大きな社会的、文化的変化が起こるだろうと予想されるわけであります。

ここで大事なことは、市民全員が主人公といいますか、そういう時代がやってきて、インターネットを介したネットワーク・コミュニティが多様に発展するわけです。情報の発信者かつ受信者というものが選良ならぬ大衆ということになるので、いろんなコミュニティが現われてきます。図書館、出版社、学会とか集会の開催者、公的機関、大学、研究所、企業や民間の組織、それからサークル、そして個人ですね。このサークルはいろんなものが自由に作れるわけで、主婦の方が集まった文芸サークルでも結構ですし、小学生たちが集まって文集を作ってもいいかもしれません。それから個人ですね。特に個人自ら情報発信してもいいわけですので、いろんなコミュニティが生まれてくるに違いありません。

ディジタル図書館とレファレンス・ネットワーク

なにしろディジタル図書館ではインターネットを通して人々の交流がありますので、それが機械のみならず人々も構成員となった知識ネットワークといったものに発展するだろうといえるわけです。このことを図書館分野に視点をあわせてみますと次のような期待が生まれます。

今はディジタル図書館というとシステムを作ることばかり考えているわけですけれども、そのネットワークに図書館員が加わる。この図書館員とは、全国の人々、あるいは世界中の人々を含めたものです。つまり、ディジタル図書館を基盤に世界中の図書館員が加わり、そこで参考業務をやるようなネットワークが出来ればたいへんありがたいことだと思います。

単館、一つの図書館のそこにいる人だけでいろんな質問に対応できませんが、公共図書館員や大学図書館員、いろんな人がネットワークに入って、どこかの図書館に来た利用者、あるいはネットワーク上の利用者からの質問に、皆で考えてあげるというようにですね、そういうことになれば本当の意味でのレファレンス・サービスができると思います。人はそれぞれ何か自分の興味のあるところを持っています。別の人はまた違った興味をもっています。いろいろな興味の違った図書館員の人が大勢集まれば、いろんな分野に対応していけると思います。そういう意味で、私はこれにすごく期待しているわけで、ディジタル図書館をベースに、ネットワークを介した図書館員が連合するような参考業務を期待したいと思っています。

ディジタル図書館におけるマルチメディア情報の利用

ここでビデオの方に移りたいと思います。こんどはディジタル図書館におけるマルチメディアという観点から進めたいと思います。ディジタル図書館ではマルチメディアがいろいろと利用できますので、利用者の特性に合わせた表現ができると思います。これはお年寄りから子供までということもあるでしょうし、いろんな分野があると思います。例えば自動点訳とか自動朗読というようなことも可能となってくると思います。一応ここでは、国立国会図書館の子ども向けの児童図書の紹介システムをご覧にいれます。この開発につきましては、二年前に行なわれたのですが、私どものグループがお手伝いしました。ビデオをスタートします。

国立国会図書館支部上野図書館——亀田邦子館長の話（一九九七年一二月一二日収録）

本の森のシステムをご紹介いたします。このシステムは子供たちがイラストや音声に導かれてお話の舞台や登場人物を選びながら読みたい本に辿り着くというシステムです。

（亀田邦子館長の話・終わり）

〈システムの動作画面がビデオで紹介される。〉

このシステムでは、選ばれた絵本の表紙、内容のあらすじしか表示されませんが、もしそのまま続けて本文を開いて見れたらどんなにいいかと思いますが、著作権の関係でそうはいきません。このシステムを使って見つけた本を身近な図書館かどこかで借りることができれば、それはそれでいいんじゃないかと思います。なお、このシステムについて詳しく知りたい方は、「阪口、藤田、枚本、田畑・インターネット上での児童図書選択支援システム・情報知識学会誌、vol.6,no.1,pp.11－20,1996」を御参考にして下さい。

民族文化の伝承と民族間の相互理解

次に、民族文化の伝承と民族間の相互理解という観点から話を進めます。図書館には当然自国のものに関する資料がありますが、いろんな国の資料も必要かと思います。最近、いろいろと民族のことが言われております。一方では民族のグローバリゼーションとか世界化とか言っているんですけど、他方では限りなく民族が分かれていくフラグメンテーションが起こっています。いろんな民族が散らばって住んでいるという状況では、インターネットを介したディジタル図書館というものは民族文化の伝承にすごく役に立つ。一方ではそういういろんな民族の間での相互理解を図るのに、ディジタル図書館が役に立つと言えるわけであります。では最初に国立国会図書館の例をビデオでご覧に入れまして、その次に私どものところでやっているものをこれは実演でお見せしたいと思います。

国立国会図書館支部上野図書館――亀田邦子館長の話（一九九七年一二月一二日収録）

児童書を多言語で紹介するシステムをご紹介いたします。このシステムはユネスコアジア文化センターが出版した三種類の絵本を合計一一か国語で音も文字も絵もという形で提供するものです。世界に多くの言葉があり、多くの文化があるということを子どもに認識してもらうのに役立つシステムとして開発したものです。（亀田邦子館長の話・終わり）

〈システムの動作画面が紹介される。〉

次に私どものところで作っている多言語日本昔話のディジタル文庫をご紹介します。これはインターネットを介して、文字化けせずに世界中のどこのパソコンからでも読めるというものです。文字の問題は結構大変で、日本語のものをどこかの国で見ようとすると文字化けして読めないということが起こりますが、日本語に限らず各国語でそういうことが起こります。まずそれをわれわれは技術的に解決しています（http://mhtml.ulis.ac.jp/）。

（参考文献：Maeda, Dartois, Fujita, Sakaguchi, Sugimoto, Tabata, Viewing Multilingual Documents on Your local Web Browser, Communications of the ACM, vol.41, no.4, pp.64－65 1998）

ここで主張したいことは、このディジタル文庫は、ボランティアを募集しつつ作成しているところです（http://www.DL.ulis.ac.jp/oldtales/）。著作あるいは、翻訳、挿し絵を描くなどやってくれませんかということで、二十数名の世界中から申し出がありまして、十名がいまも活動中であります。最初、フランス語、日本語、英語だったんですけれど、今スペイン語がありまして、あとスウェーデン語とかポーランド語でどうかといってきてくれる人もいます。

このディジタル文庫は、著作者と読者が一体化する「ディジタル図書館：第三の波」の一つの実現です。では実演します。

枚本重夫助教授の話（三）

ではこちらからまいります。まずはボランティア募集中のページから始めます。「むかしむかし…」というタイトルが、日本語、英語、フランス語その他で書かれています。次のページは民話の文庫の目次になっていて、日本語、フランス語、英語で書かれた「かさじぞう」、「つるのおんがえし」の等々の表題が入っております。ここでこの「さるとかに」というのをクリックしますと、次のページに進みまして、その本文の文章がフランス語、日本語、英語で三つ並んで出てまいります(図1)。コンピュータの上では、日本国内ですと英語は標準的に表示出来るんですけども、フランス語ですとかイタリア語、あるいは韓国語、中国語というのは同時に表示することが出来ない。我々はそれを技術的に解決し、その上で民話のシステムを作っています。例えば中国の民話を日本語で読みたいとか、あるいは日本の民話を韓国語で出したいとかということをやりたいわけです。それを本学の学生、いろいろなボランティアの方に協力いただいて作っているのです。

もうひとつ、子供さんが見るということを考えまして、楽しいインタフェースでもってシステムに入っていく例を示します。この画面で、この絵の中に日本の昔話が隠れていきます。たとえば、この「木」のところに、なんかないかなと思ってクリックしてみると「柿の実」がなっていて何かあるんじゃないか。例えば「家」のところをクリックしてみると「人影」が見える。そこをもう一回クリックすると、あ、ここにはこんなに一杯本があるんだね(図2)。その一つをクリックすると先程と同様に三つ並んだ昔話の本文が出てまいります。こういうふうにしますと、楽しくアクセスして、またこのような文章が多国語で読むことが出来るわけです。

(枚本重夫助教授の話・終わり)

図１　多言語日本昔話ディジタル文庫（カラー）

図２　昔話が隠れている絵（カラー）

図書館現場における資料のディジタル化

次に話を進めたいと思います。ディジタル図書館の中には多くの資料をディジタル化して入れる必要がありますが、実際の図書館の現場でどうやっているのかをお見せしたいと思います。奈良先端科学技術大学院大学ではそれを正規の仕事としてやっているわけで、外注ではなく自分たち自身でやっているわけです。

奈良先端科学技術大学院大学――今井正和助教授の話（一九九七年八月二五日収録）

こちらでは本の一次情報を入力する作業をお示しいたします。我々は主に雑誌を入力しておりますけれども、まず作業効率を高めるため、雑誌の背を切ります。背を切りまして、このような感じでバラバラの紙にいたします。これをスキャナの上に置いて、自動紙送り装置というのを使って、自動的にシステムの方がページを読み込んでいきます。

ここでは、本のページを読み取る作業を行います。最初に、本に付けましたバーコードを機械で読取り、これからどの本の処理をするかということをシステムに教えます。今、本の大きさ、読み取る解像度等の設定を行なっています。このようにコピーした紙をスキャナの上に置き、システムに入力の開始を知らせます。するとシステムが自動的に紙を送り込んで、スキャナにかけて読みます。システムの方はこの後、自動的に文字認識のソフトウエアを行い、そのページにどんな文字が書かれているのかの情報を抽出し、その情報をファイルサーバの方に蓄えていきます。

カラーが含まれているページは別途ページを選び出して、カラースキャナの上に載せます。そして、システムに読取りの指示を与え、カラーのページは別途カラーの情報をシステムの方に入力いたします。システムの方は、先程入力した白黒の画像とカラーの画像が両方あれば、カラーの画像を使うように自動的に設定されています。そして文献の一次情報としましては、カラーの画像があれば、カラーの画像、そしてモノクロの画像、そしてモノクロの画像から抽出しました文字の情報をワンセットにしてサーバの中に格納されております。抽出しました文字の情報は検索システムで全文検索の際に用いて検索を行ないます。認識結果は、ユーザの方には直接には提示されません。

この部屋は、電子図書館の心臓となる各種サーバが設置されている部屋です。今画面に写っていますのはビデオ情報を格納しているサーバです。ディスクの容量が、一八〇GB

あり、約二〇〇時間のビデオ情報が格納できます。今画面に写ってきましたのが、先程ご覧いただきました本の一次情報が格納されているサーバです。実際にはこれ以外にもほかのサーバがありますが、合計で現在のところ約二〇万ページの本が電子化されております。机の上に乗った白い小さな箱が二つありますが、これが検索サーバです。これは皆さんが我々の大学の図書館をWebを用いて使用される時に、そのWebのサーバとなっている計算機です。この計算機で全文検索などの検索要求の処理を行ないます。

今見えてきましたのが、CD-ROMのジュークです。これは一つの箱で、五〇〇枚のCDが格納されます。五〇〇枚のCDの中から四枚のものをユーザに対して、読み出し・サービスを行なうことができます。

（今井正和助教授の話・終わり）

ディジタル図書館と著作権

次の話はディジタル図書館と著作権です。これまでのように書名や抄録だけではなく全文を利用者に提供するわけですから、著作権のことは当然問題になるわけです。ここでは大きなシステムを作っている奈良先端科学技術大学院大学及び学術情報センターの方々のビデオ取材をしていますので、そのお話をもってこの問題の解説に代えたいと思います。

奈良先端科学技術大学院大学――今井正和助教授の話（一九九七年八月二五日収録）

本学では電子図書館に、雑誌を電子化して入力しておりますが、その際に解決しなければならない重要な問題として、著作権の問題があります。ご存じのように著作権というのは、文章を書いたその人が持っているものでありまして、それを無断でコピーされたり、複製されたりすることによって、本来著者が得るべき利益を損なわないようにするための権利というものです。

我々も大学でありまして、主に使用する図書あるいは雑誌というものが学会誌であるとか、あるいは国際的な学術論文誌であるというものが中心となっております。そこで学会であるとか、あるいは国際的な出版社などと個別に交渉を行ないまして、出版物を電子化させて欲しいとお願いしています。その結果学会なり、あるいはその出版社の方がご同意いただいた場合には我々の方で電子化を行ないます。あるいはご同意いただいた上で、電子的にデータを供給して下さるという出版社もあります。その場合にはそのデータをいただいて、我々のシステムの中に組み込んでおります。交渉の際の基本的な考え方としましては、一応我々と出版社との間で交渉を行い、その時に個別にいろいろな条件があるのかどうかを相手の方に伺います。そして、相手の方から提示された条件がある場合、例えば学内の利用者に限るであるとか、あるいは学会員に限るとかそういった条件が付加されますが、そういった付加された条件を守るようシステムの方に、ご覧いただくような認証システムを組み込んで条件を満たすようにしております。（今井正和助教授の話・終わり）

学術情報センター――安達淳教授の話（一九九七年一〇月八日収録）

私どもの電子図書館サービスが扱っている情報は、全て著作権のある情報です。私どもは、この著作権のある情報を無料で全ての人に使っていただくという形でサービスするのは非常に難しいと考えております。学会は雑誌を発行し、それで収益を得ておりますので、無料で、情報を提供するという形にはなかなか馴染みません。皆さんも図書館では只で雑誌が見られるとお思いでしょうが、図書館は雑誌を購入するために、お金を支払っております。ですからそのような費用をどのようにして支払うか、というのが今後のインターネット時代での情報サービスの非常に大きな問題となっております。

私どものこの電子図書館サービスは、学会側も自由に活動し、その活動がどんどん盛んになってゆく、利用者の方も必要な情報をなるべく安く入手できる、そういうようなサービスを目指しておりますが、このような新しいサービスは、他ではなかなか見られません。現在商業的なサービス会社も含めて、いろいろな機関がインターネットの上でどのように情報サービスを有料で行なっていけばいいのかというのを検討しております。私どものサービスはその先駆けとして、学術的な情報提供は今後どのようにやったらいいのか、というのを実験しながら使われるようなシステムを作っていきたいと考えております。

この画面は利用者はただでは使えません。まず、学術情報センターに申請して利用者番号をもらい、そして登録されたパスワードを入力しないと先ほどのような情報サービスは受けられません。四月から始まりまして、現在の所、学会のご好意により著作権使用料を取らずにサービスを提供しておりますが、私どもは、なるべく早く学会との間できちんとした料金を設定し、有料でこのサービスを提供してゆこうと考えております。

しかし、学術的な情報を利用する場合に、どの程度の料金を取ればいいのかということについては、いろいろな議論があります。私どものセンターは学会あるいは大学の先生方や学生から、様々な意見を聞きながら、なるべく利用者にとって使い易い形でこのサービスを発展させていきたいと考えております。そのためにはいろいろな議論が必要です。図書館サイドからもいろいろな議論が必要です。あるいは利用者もいろいろ考えていただきたいと思います。それからこのような情報は、学問のための情報ですので、なるべく容易に多くの人が利用できることが望ましいと考えております。そういう意味で私どもは、これを電子図書館サービスと名付けました。今後ネットワークの上で機能するこのような情報サービスが、どのように行なわれていくかというのはまだまだよく見えないところがあります。世の中の今後の発展に即しながら、このサービスを着実なものとして育てていきたいと考えておりますので、皆様もよろしくお願いしたいと思っております。

（安達淳教授の話・終わり）

ディジタル図書館はまだ始まったばかり

私の話はこれで終わりですが、最後に一言申し上げると、「ディジタル図書館はまだ始まったばかり」です。第一回の講演の藤野先生のお話にもありましたが、グーテンベルグの印刷術が発明されて今のような形態の本になるまでには、五〇年程かかったといわれています。表紙とか目次、ページとか索引とかいろいろありますが、今のようになるのに五

○年かかりました。その当時の本は、手書きの写本と同じ形態のものを印刷で作っていたというわけです。印刷の本といっても、見かけは、まるで手書きの写本だったわけです。

そのことに照らして、いまのディジタル図書館を見てみますと、始まったばかりで、紙の本のイメージをそのまま電子化してディスプレイ画面上で見ているという感じです。きっと本質的な意味のディジタル図書(電子図書)、あるいはディジタル図書館というのは、今後何年あるいは何十年かかって決まっていくものだろうと思っております。

(一九九八年二月八日収録)

暮らしと共にある図書館

北欧の図書館と図書館建築

植松貞夫

植松貞夫（うえまつ　さだお）

筑波大学附属図書館長、図書館情報メディア研究科教授。一九四八年神奈川県生まれ。東京大学大学院工学系研究科建築学専攻修士課程修了。工学博士（東京大学）、一級建築士。図書館情報大学助手、助教授、教授、副学長、統合により筑波大学図書館情報専門学群長を経て二〇〇〇年四月より現職。国内各地の公立図書館の建設計画や設計に参画。著書に『図書館建設―施設と設備』（共著　樹村房）、『コミュニティと図書館』（同　雄山閣）、『本と人のための空間―図書館建築の新しい風』（鹿島出版会）、『建築から図書館を見る』（同　勉誠出版）、『建築設計資料集成（教育・図書）』（共著　丸善）等。

はじめに

本日は「暮らしと共にある図書館」と題して、一九九五年の一二月から翌年の一〇月まで、スウェーデン王立工科大学建築学科で研究員として過ごした折りに見聞した北欧諸国の図書館とその建築について、人々の生活との関連でお話しします。

北欧の図書館についてお話しするに当たって、なぜ「暮らしと共にある」と前に付けたかについてからお話しします。人類は古来から各種の建築物を造ってきましたが、当然のこととして最初は自然界から身を護るための住宅でした。人々が集団で住むようになり、生活とその社会が複雑化してくるにつれて、個々の住宅の中では満たされない生活行為の一部をそこで行うために、共用の建築物が造られました。例えば、神殿であり学校です。そのように人類が古来から建築物を造り続けてきた目的の一つは、その中で集団や個人の生活を行うためです。今日お話しする図書館建築も、過去の英知の蓄積を保存し伝承して、それを利用することで新しい文化と知識を創り出すためには、個々の住宅の中に個人的にそのような場を作るよりも、共用の施設として設ける方が合理的であるとの認識から、図書館という機能施設として造られてきたものです。つまり、公共の建物は、ある地域に住む集団の生活のために造られるものですから、国により、場所により、そこに住む人々により、それぞれに生活が違うので、その器として造られる建物の姿形も自ずから違ってくるといえます。

そこで、北欧の図書館と図書館建築をご理解いただくために、まず北欧の人々の生活ぶりの中から、図書館利用に関係していると思われる点について、お話しすることから始めようということです。

北欧の人々の生活と図書館

人口と図書館の利用状況

まず、図表をご覧下さい。この表はデータが少し古くて恐縮ですが、一九九二年度の北欧各国の人口などと図書館のサービス実績などを一覧できるようにしたものです。表には皆さんよくご存知の四か国についてだけまとめました。この他北欧には、国としてはアイ

	DENMARK	NORWAY	SWEDEN	FINLAND
面　積（千km²）	43	324	450	337
人　口（万人）	520	430	870	500
人口密度　*1	120	13	19	15
図書館設置自治体数 *2	250	439	286	444
人口／自治体数　（人）	20800	10000	30400	11300
総蔵書冊数（万冊）	3250	2000	4600	3600
貸出点数　（万点）	8417	2102	7100	9639
うち図書　（万冊）	7429	1983	6654	8081
うちAV資料（万点）*3	988	97	446	898
人口1人当たり　（点）	16.25	4.92	8.18	19.3

*1 人／千km²（日本は323人）

*2 自治体など設置単位数（administrative library units）

*3 AV資料には「トーキングブック（=朗読テープ）」を含む

表　北欧4国の人口と図書館実績値など（1992年度）

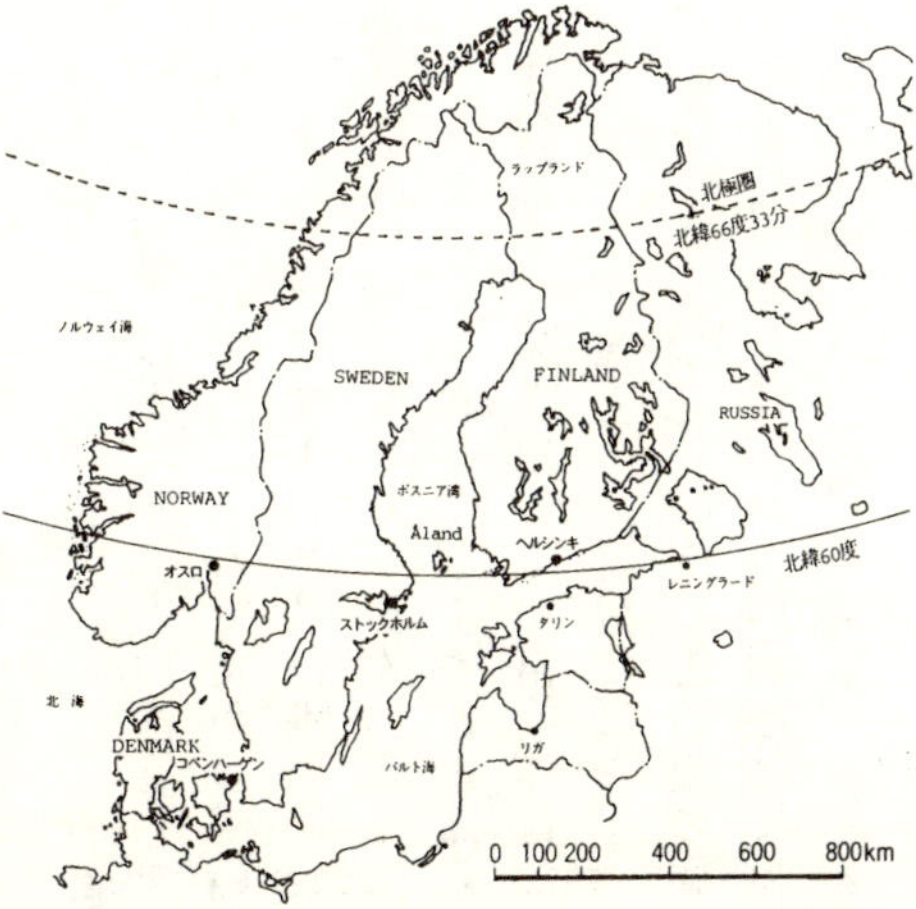

図　北欧の国々

スランド、自治権を持つ領土には、デンマーク領のグリーンランドとフェロー諸島、そしてフィンランドとスウェーデンに挟まれたボスニア湾の入口に、フィンランド領のオーランドという半独立国がありますが、これらは割愛しました。

上から二段目は人口です。いずれの国も人口は一〇〇〇万人以下です。人口密度もデンマークを除くと一〇〇㎢当たり二〇人以下です。日本のそれが三二三人ですから、いかに人口が希薄であるかご理解いただけると思います。また、デンマークだけ日本に比較的近い値ですが、デンマークは国全体が平坦で可住地率が高い国ですから、日本のように国土の二〇%しかない平野部に人口が集中しているのとはまったく異なり、ずっとまばらに住んでいるのが実態です。四段目は図書館設置自治体数です。図書館のない自治体はないといって過言でありませんので、国全体の自治体の数とほぼ同じです。図書館数でいえば、例えばストックホルム市には中央図書館一つと分館が四〇館、公立病院内の患者用の病院図書館が四〇館、老人ホームの図書館が同じく四〇館というように、一つの自治体には複数の図書館があることが普通ですから、スウェーデン全体の二八六の自治体で、本館と分館だけの合計で一九〇〇の図書館（施設）をもっています。

表の五段目の一自治体当たりの人口をご覧いただきますと平均でたかだか三万人です。

スウェーデンとデンマークは七〇年代までに町村合併を相当強引に進めてきたのですが、それでも自治体というものはせいぜい人口一万人、二万人もいれば多い方という状態です。次に図書館の利用状況を最も端的に示すものとして、一番下の人口一人当たりの年間貸出点数をみていただきますと、最高がフィンランドの一九・三点で、ノルウェイが最も低くて四・九点です。このフィンランドの値は世界最高で、一九・三点というのは、日本で最も活発に利用されている図書館の値を上回るものです。それが平均値です。ノルウェイはやや不活発に見えますが、近年北海油田の収益などにより国家財政が豊かになってきましたので、今から国を挙げて図書館振興に努めていこうという段階で、一九九二年にテンスベリという市の図書館の開館式には国王が臨席したほどです。ですからこの値も九〇年以降になって急成長しています。スウェーデンは両者の中間の値です。実は、スウェーデンの図書館員の多くは、伝統的に「図書館は良書普及の施設」という考え方をしています。したがって、住民が読みたい本よりも図書館員が読ませたい本をそろえることが基本姿勢です。ですから、フィンランドやデンマークと貸出冊数の多さを競う意識はもとからありません。

なぜ図書館の利用がかくも活発なのか

各地各国の図書館や図書館行政の中心人物に会うたびに、なぜ北欧諸国の図書館利用がこれほどまでに活発なのかを質問してみました。回答を整理してみますと、

（一）教会と学校教育の成果

国民のおよそ九〇%がルター派新教徒です。現在はあまり熱心な信者は多くないように見受けましたが、ルター派は「聖書を読めない者には結婚させない」など聖書による布教のために識字教育に力を入れました。教会が無料で本を貸出していたり、教会内の読書グループのための蔵書を基にして図書館が生まれた例もあり、図書館の普及に教会は大きな貢献をしてきました。学校教育の成果では、二つのことが挙げられます。一つは、教科書などが大学まで必要なときに必要な期間貸し与えられる方式であることです。小学校の理科の時間で人間の身体について学ぶときには、その単元の期間だけそれに関する教科書と麻薬の害などを解説する副読本が、教員から貸し与えられます。これは大学でも同様で大学図書館の一番にぎわう部屋は教科書室です。このように、小さいときから本は借りて読むもの、共同利用のものという意識が形成されていくことが、生涯を通じての図書館利用

につながっているといえます。また、北欧の人には陽を浴びることに強迫観念とすらいえる意識がありますから、長く厳しい冬の間でも、一日に数時間は日光に当たることを絶対の条件としています。実は、一二月にストックホルムに到着して最初に驚かされたことは、その頃は最高気温でもマイナス一〇度という日が続いていたのですが、こんな時にも乳母車に乗せられた赤ちゃんが町中にたくさんいることでした。何もこんなに寒い日に外に連れ出さなくてもと思い聞いてみましたら、一様に赤ちゃんといえども一日に一度は必ず陽の光を浴びなくてはいけないのだと強調されてしまいました。

二つめは、義務教育段階で図書館利用教育が授業科目に組み込まれていることです。今お話しした、陽を浴びることを兼ねて学校から図書館まで出向き、一定時間自由に過ごしたり、課題を与えられたりしています。夏になりますと戸外活動が奨励されますから、図書館へ出かけることはなくなります、図書館も夏にはお話会など子供向けプログラムを行いません。北欧の図書館の子ども室はこのように冬の平日ににぎわう場所です。逆に、学校図書館はいずこもお粗末で、これの活性化が課題になっています。

(二) 図書館と図書館建築を長い期間かけて社会資本として整備してきた

北欧には長い公共図書館の伝統があり、先ほど表に示しましたようにすべての自治体に、

写真１　クーモ市立図書館の館内

そして冬でも図書館に行けるように「住民の身近な場所に」図書館が整備されてきました。先ほどお話ししたように、自治体の人口規模が小さいので税収といってもたかが知れているのですが、図書館の建設や開館後の運営費に多額の国庫補助がなされています。例えばフィンランドのロシアとの国境に近いクーモという人口一万三千人の市に、一九八八年に建設された新図書館（**写真1**）の建設費およそ四億三〇〇〇万円の七〇％以上が国庫補助金です。運営費と維持管理費の多くも国からの補助金で賄われています。これは特にフィンランドの場合、隣の大国ロシアの存在が大きく影響しています。つまり「フィンランド人としての誇りをもてるように」するため、社会資本の充実は国家の基本政策です。その一環としてとりわけ国境沿いの零細自治体には手厚い援助が行われています。このようにお話しすると中央集権的な国家のように思われてしまいますが、自治体はコミューンと呼ばれ、元々自然発生的な自治組織から発展してきていますので、自治体の権限は大変強く、スウェーデンでは国家法としての図書館法を一九六五年に廃止してしまい、図書館に関してはすべて自治体が自由に決めて良いとしてしまった程です。なお、九〇年以降図書館サービスを有料化しようとする自治体がでてきたため、再び図書館法制定の動きが高まり九七年に再度施行されました。また、補助金政策も変更されてきていて、スウェーデンでは個々の図書館への国庫補助金制度はなくなりましたし、デンマークでは人口規模などを勘案して毎年交付される国庫補助金の使い道は、自治体が自由に決められる方式になっています。これはこれで、市議会や行政内部への強いアピール力をもたないと十分な配分を得られないという緊張感を、図書館には与えてはいるのですが。

市民の身近な場所に図書館をということに関連して、スウェーデンで近年進められている政策についてお話ししますと、例えば人口約七〇万人のストックホルム市は、合計で二四の区に分割されています。区ごとの人口は最大で六万人最低でわずか九〇〇〇人です。そこに先ほどお話ししたように中央館と分館で四一の図書館が分散しています。こうした大都市で図書館のような市民生活に直結するサービスを、市中央のコントロールで行うのは小回りがきかないから、もっと地域に密着した行政にすべきということで、図書館や義務教育、老人介護サービスなどを区が担当することに変更されました。すでにいくつかの大きな市が先行しストックホルム市でも九七年一月から実施され、図書館職員もそれぞれの区の職員に移管されました。これは、そのためこれまで市立図書館として一本であったシステムが分断されてしまって力が弱まるという弊害も危惧されていますし、区議会の決定いかんでは図書館サービスの水準を落としてしまう区がでるのではと、図書館界にはあまり歓迎されていない政策です。

なお、全国のすべての公共図書館、大学図書館は全国統一システムによりオンラインで結ばれています。そして、どんな片田舎の図書館からでも利用者自身の端末操作で、全国どこの図書館の本へも貸出しの請求ができるようになっています。

(三) 本を読む国民性

大変過疎な状態で生活してきた北欧人は、総じて無口で内向的な性格であり、付き合い下手であるといわれています。冬の盛りにはストックホルムでも朝九時半頃に弱々しい朝日が昇り、一五時過ぎると暗くなってしまいますから、人々は長い夜を家庭の中で読書をして過ごします。その一方で、読者の絶対数が少ないために本の価格が高いこと、間接税も高率であることから、市民はなかなか本が買える状況にありません。それが図書館への依存度を高くしているといえます。図書館で皆が本を借りてしまうのでますます本が売れなくなりますから、著作者を保護するために、国が著作権協会に基金を設置し、これを通して一定の公貸権料を著作権者に支払っています。ちなみに、間接税は食料品が一五%弱、その他はすべて二〇%強で、図書館で購入している本の平均単価は約五〇〇〇円です。

今までの話と少し矛盾するかも知れませんが、国民に本の所有意欲がないかというとそうでもありません。各国とも二月はバーゲンのシーズンで、書店でもバーゲンを三週間くらい行います(写真2)。その時には平積みされた本が店内一杯に並べられて大盛況です。また、図書館では少し貸出頻度の落ちた本はどんどん除籍して、貸出カウンターの横で一冊三〇〇円以下で販売しています(写真3)。これをまとめて売り出す場合もあります。コペンハーゲン市の中央図書館を私が訪れました日が、ちょうどこの除籍本のバーゲンセールの初日で、開館前に八〇人もの人がつめかけていて、一斉に日当てのコーナーに殺到していましたから、所有意欲が乏しいということは言えないようです。付け加えますと、この除籍本の売り上げ収入は、運営費として図書館が自由に使って良いことになっています。多くの場合、新規図書の購入費に組み込まれています。

写真２　書店のバーゲン

写真３　除籍本の販売

（四）景気低迷による失業者の増加

世界的な景気の低迷、ＥＵ加盟に伴う国際分業化の進行、ならびに各種補助金の打ち切りなどの影響を受けて、北欧各国とも失業者が非常に増えています。特に若年層と移民に

写真4　にぎわうチェスコーナー

失業率が高くなっています。失業保険が最長で三〇か月受けられることから、あまり再就職に熱心ではないということもあり、失業者が安上がりに一日を過ごせる図書館に多くの人がやってきています。失業者の増加に伴って来館者数、貸出冊数とも増えています。彼らは図書館で新聞・雑誌を読んだり、チェスに長時間興じたりしています（写真4）。各図書館長とも「不況の時期こそ図書館の存在意義は高まる」と言っていて、基本的にはさらに居心地の良い図書館を目指していたり、入口ロビーの一画にコーヒーとパンを売るコーナーを設けて失業者に販売させるなど失業対策事業的なことも受け持っています。しかし、図書館のトイレで麻薬を射つなどの不心得者もでてきたために、トイレのセキュリティが問題になり、鍵をかけてカウンターでその都度貸し出すとか、コイン式による有料化（四〇円位）、果てはトイレの監視専任の人を雇うなどの事態が起こっています（写真5）。新しく図書館を設計する場合には、トイレを貸出カウンターの背後など、職員の目の届く場所に設けるべきことが強調されています。

北欧の図書館活動の特色

第一には北欧の図書館は簡単にいえば、一〇月から四月末までの冬の生活のための施設です。それも主に平日に利用されます。一般的な開館時間の例を挙げますと、冬は月曜から金曜が一〇時から二〇時、土曜日が一〇時から一五時で、日曜は休館です。これが五月になりますと月曜から金曜の一一時から一九時で、土曜と日曜は休館です。この開館時間は地域の事情に合わせて分館ごとに自由に決めることができるとする自治体が多いようで、日曜日に開館する館もあります。デパートの営業時間は年間を通して月曜から金曜は一〇時から一九時、土曜が正午から一八時、日曜が同じく正午から一六時までです。

写真5　トイレのコイン式錠

人々の一般的な生活時間は、四月初めから夏時間制ですが、夏冬関係なく朝七時半頃から職場で働き始め、一一時頃から昼食、そして一六時半には職場を離れます。通勤時間は短く、残業や付き合い酒はありませんから、平日の夜でも二時間前後を図書館に行く時間として使えます。週末は戸外を散歩したり、借りてきた本を家庭で読むということで、図書館利用者は多くありません。その代わり、夏にはほぼ白夜に近くなりますから、帰宅後も十分に戸外活動ができます。人々は短い夏をアウトドアで精力的に楽しみますので、図書館は開店休業状態になり、先ほど話しましたように子供向けプログラムも行いません。学校は六月始めから八月末まで三か月間が夏休みです。特に七月には図書館員も含めて多くの人が三週間以上の夏休みをとりますから、まさに国中が開店休業状態になります。夏休みは家族で、ギリシャやカナリア諸島など南の島で過ごす人が多いようです。国民の最大の支出はこの海外での夏休みの費用だそうですが、それでも航空運賃を含む二、三週間の滞在費は、我々には信じられないような低額です。

第二点目は、図書館は読書を中心とする娯楽の場であると同時に、文化のセンターであり、生活情報のセンターでもあるということです。まず図書館は「何かをしなくてはならない場所ではなく、無目的に、自由に、気楽に、人を受け入れる場所であったし、このことは重要であると考えている」という言葉に代表されるように、先の失業者がチェスをしに集まるというような、自由に利用できる市民各層の娯楽の場とされています。総じて小さな子どもたちが騒ぎ回ることにも寛容です。そして小学校の放課後に、図書館で絵画教室や工作実習がボランティアの指導で開かれたりして（写真6）、鍵っ子の健全な娯楽の場という役割も無視できません。

文化のセンターということでは、もちろん読書を通して新しい文化を生み出すための施設でありますが、自治体の多くは決して財政が豊かではありませんから、図書館は単に図書館機能だけではなく、いろいろな文化活動を企画したり、市民の自主的な活動の場となったり、いわゆる文化センターの役割を負っています。自治体の組織上でも図書館は、日本のように教育部局ではなく、文化部局に位置づけられているのが多数です。

写真6　ボランティアが指導する工作室

さらに、三つ目の生活情報のセンターという点では、「図書館は民主主義の教育の場」といわれるように、市民参加型社会における情報公開の場であると認識されています。図書館内にはさまざまな公的・私的な生活情報が集積され、提供されています。国や自治体からの広報はもとより、町の地図あり、大学案内あり、生涯学習学校のパンフレットありで、観光ガイドまで備えられていますから、ある町に引っ越してきた人はまず図書館に行って基本的な情報を得ることから始めるほどです。近年は、ＥＵへの加盟問題が人々の生活

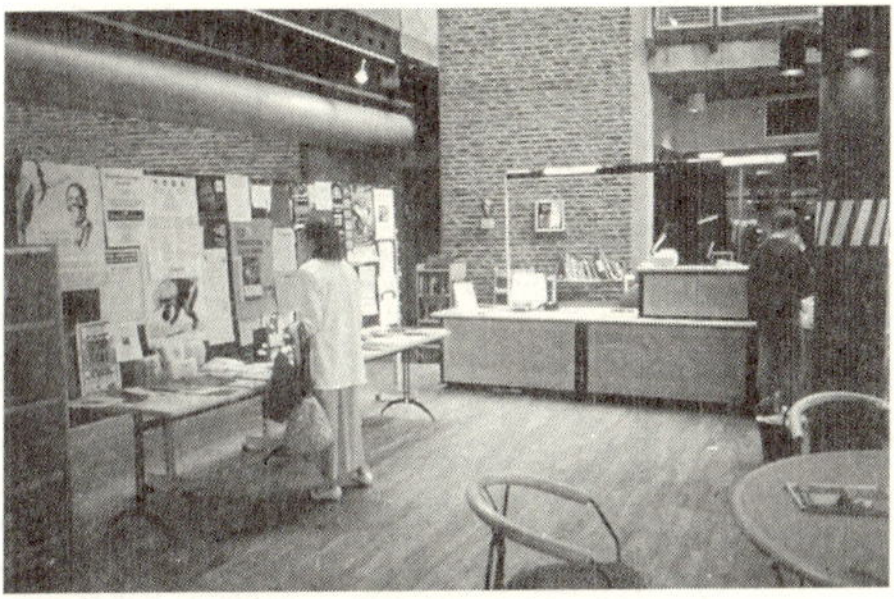

写真７　図書館は広報センター

写真８　ＥＵ問題コーナー

写真９　館内に「消費生活センター」が設けられている

を大きく変化させるであろうことが強い関心を集めていますので、多くの図書館では一番目立つところに、ＥＵ関連だけの資料コーナーが設置され、国から派遣されたＥＵ広報官が待機しています。また、スウェーデンのいくつかの図書館では日本の「消費生活センター」のような機関の窓口が設けられており、商品テストの報告書などが備えられています（**写真7〜9**）。

ちょっと脱線しますが、北欧諸国はいずれも高水準の福祉国家として知られていますが、ＥＵへの加盟条件である国家財政の健全化のために、年金制度などが見直されています。そのため今までは「月越しの金はもたない」でよかった国民にも貯金をしなくてはという意識が芽生え、ますます財布のヒモがきつくなっていて、これも図書館をたくさんの人が利用する理由の一つになっています。

日本の図書館との大きな違いという点で、第三点目は職員のことです。北欧の図書館特有というよりはヨーロッパ、さらには米国の図書館にも共通することですが、厳然とした身分の格差という形で専門職制度が確立しています。図書館の職員は大学で六年近くの専門教育を受けたライブラリアンと、そうではないアシスタントから構成されています。ライブラリアンはその図書館の管理運営とインフォメーション業務その他の知的労働に従事します。対利用者ではインフォメーションデスクに座って、利用者からの質問に答えるのが仕事です（写真10）。彼らには多くの場合個室が与えられています。一方のアシスタントは、その多くがパートタイマーとして雇用され、カウンターでの貸出・返却の業務、返却本の整理と再配架、その他の作業系の仕事を受け持ちます。カウンターでの些細な質問には答えますが、インフォメーションサービスには関与しません。そして大部屋で個人机は与えられません。この職階の区分はきわめてはっきりとしています。

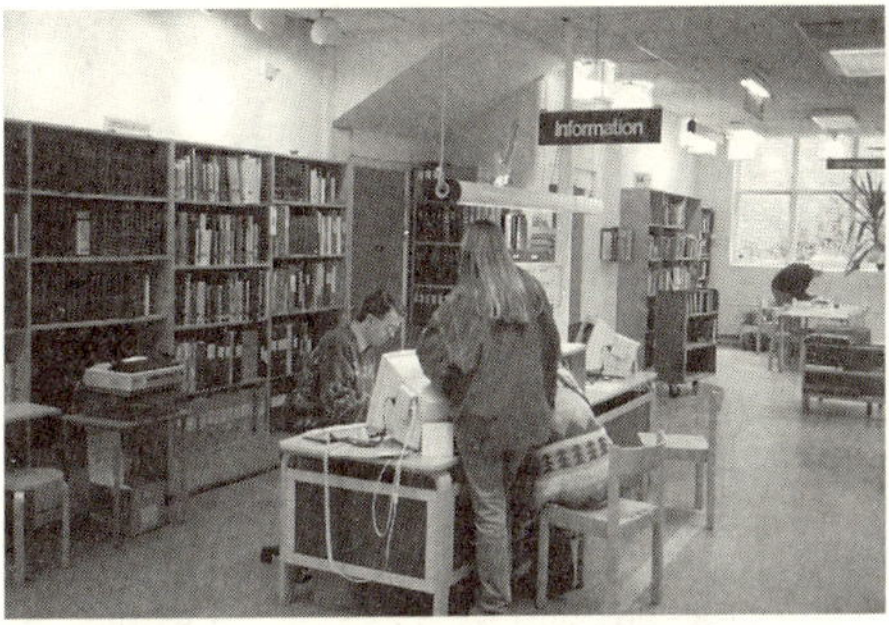

写真10　ライブラリアンの持ち場である
インフォメーションデスク

なお、男女比でいえば図書館職員はライブラリアン、アシスタントとも圧倒的に女性の比率が高く、館長の多くも女性で、私が滞在中に訪れた七〇以上の図書館で、男性館長は二人だけでした。さすが男女平等の国と思われるでしょうが、こんなにも比率が偏っていることは、実は男女平等ではないことを示しています。男性はもっと高い給料の得られる職業を指向しています。館長は必ずライブラリアンです。与えられた運営費をかなり自由に使うことができるなど、図書館経営に関して日本の図書館長より強い権限が与えられています。ライブラリアンの採用には議会承認が求められますが、アシスタントの雇用に関しては館長が一存で決めることができます。

ライブラリアンの職能に関連してもう一つのことをお話しします。私の北欧での研究テーマの一つは、図書館の建設プロセスについてでした。そこで多くの館長に、新しく図書館を建設する際に、住民の要望や意見をとり入れる方法を伺いました。回答は、職員の一人一人が日常の業務の中で利用者の要望や意向は十分把握しているので、ことさら建設委員会の委員に住民代表の参加を求めたり、話を聞く機会を設けたりはしないというものでした。つまり、図書館の企画と運営に関する全権を議会すなわち住民から与えられているのが、ライブラリアンという専門職であるという認識の仕方です。

第四点目は、主に移民を対象にしたサービス、最近では多文化サービスと呼びますが、これが大変熱心に行われていることが挙げられます。北欧四国ともたくさんの移民を受け入れています。伝統的な移民は最も貧しかったフィンランドからスウェーデンやデンマークへの形です。第二次大戦以後は、労働力不足を補うために政策的に移民の受入を行ったり、高福祉国家であるとのイメージから自発的に移民が入国したなどで数が多くなっています。冷戦終結まではアラブ、トルコ系が中心であり、ソ連がロシアとなってからは旧東欧圏の人々が多くなっています。特別な例としてボスニア・ヘルツェゴビナの難民を各国とも三万人以上も受け入れました。彼らは今は帰国しつつありますが、それでも残留者が多数います。スウェーデンの場合、現時点で約五〇〇万人（人口の六％）以上の外国籍の人が在住しており、その他に帰化した移民が四〇万人とされています。移住者・移民は比較的固まって居住する傾向があり、ストックホルム市の南部にはフィンランド人が、北部にはアラブ人が多数を占めるコミュニティがあります。

写真11　いろいろな言語の絵本が並ぶ

こうした移民の多い地区の図書館では、彼らにも自国民と変わらぬサービスが受けられるように配慮しています。まず移民の母国語の新聞、雑誌、絵本、一般図書の購入という資料提供サービス、新着図書の案内を各国語で発行するなどの情報提供サービス、そしてスウェーデン語教室を図書館が開く識字教育サービスなどです(写真11)。公共図書館を統括する文化庁の図書館局内にも多文化サービス部門が設けられ、国全体として図書館を通して移民へどのようなサービスができるかを検討したり、個々の公共図書館を指導したりしています。

経済の停滞期に至って、移民の多くが失業者となり、その処遇が大きな社会問題となっていますが、移民の人たちが朝早くから図書館で母国語の新聞などを読んでいる姿はどこでも見ることができます。東洋系では中国語の新聞などは目にしましたが、日本人は多文化サービスの対象になっていないようです。日本語の本は高いともいわれましたので、これも理由になっているのかも知れません。

第五点目は、一部のサービスなどに料金を徴収することです。もちろん入館料、貸出料などはありませんが、予約・リクエストは特別なサービスということで一タイトル一七〇円位が相場です。集会室などを市民グループで使うときには使用料が求められます。一定期間占有できる研究個室を借りるのも、鍵のデポジット料の名目で有料です。コピーもコイン式で有料です。そして日本の図書館との大きな違いは、延滞に罰金が課せられることです。貸出期限は三週間が一般的ですが、図書の延滞には週単位で四〇〇円程度ずつ、ビデオは一日につき四〇〇円ずつものペナルティとなります。本では一か月の延滞で二〇〇

○円となりこれが上限です。この延滞料は図書館の大きな収入源として資料購入費などに組み込まれていますから、日本のように、図書館に入って返却カウンターの上に返却本を積み上げて、さっさと新しい本を探しに行くということは許されません。その場で一冊ずつ職員がチェックします、そして延滞料を払いますと職員も「ありがとう」といいます。そのため、混雑時には返却カウンター前に行列ができること、カウンターにはキャッシュレジスターが標準装備品として備えられていることが日本と異なります（**写真12**）。また、大量に本を借りた人がそれに入れて帰るために、日本の

写真12　返却カウンターにはキャッシュレジスターが必ずある

写真13　インターネットの利用は無料

スーパーの袋と同じ図書館オリジナルデザインの袋が用意されていて、三五円程度で販売されています。後は、先ほどお話しした除籍した本の販売、後からお話しするカフェの場所代などが図書館の収入源です。その一方で、インターネット端末が図書館で利用できるようになっていますが、これはまだ普及に努力している段階のためか、無料で利用できます（写真13）。

写真14　住宅のような外観の図書館

北欧の図書館建築

続いて北欧の図書館の建築について、特徴的なことをいくつか挙げてみます。

第一に図書館の位置です。これは先ほど身近な場所にたくさんとお話ししましたが、それぞれの図書館は分かりやすい場所、人々が集まりやすい場所に設けられています。地方都市ではほとんど例外なく、マーケット広場と呼ばれる市の開かれる広場に面して建てられていますから、旅行者でも簡単に見つけることができます。その外観も決して厳めしくなく、周囲の建築物との調和を大事にデザインされています（写真14）。身近な場所に図書館があり、公共のバスや地下鉄が大変便利な乗り物として整備されていますので、図書館に大きな駐車場が設けられることはほとんどありません。

次に館内で日本の図書館と大きく異なる点は、全体の面積の中で職員のためのスペースの占める面積の比率が非常に高いということです。これは、そもそも図書館職員の数が多いこと、ライブラリアンに個室が与えられていること、作業系の人々の部屋でも一人当たりの面積が大きいこと、そして職員の休憩室（スタッフラウンジ）など福利厚生のスペースが豊かであることによります。例えば、フィンランドの北極圏に近い人口三万人強の観光都市ロバニエミ市の、三六〇〇㎡の中央図書館には一五人のライブラリアン、季節により少し変化しますが二四人のアシスタント、その他が四人の計四三人が勤務しています。これは日本の同規模の館の倍以上の数です。個室の広さでは館長室は三〇㎡、ライブラリアンで一五㎡程度の広さが一般的です。中でもスタッフラウンジの空間の豊かさはとても印象的です。見晴らしがきくなど良い位置にあり、広くて明るく、快適な環境です。ミニとは言えないほど充実したキッチンも備えられ、コーヒーとケーキがいつでも用意されて

写真15　図書館中庭のカフェ

います。

利用者のスペースでは、まず入口からお話ししますと、ドアを開けて図書館に入ると、まずロビーになっていて、ここにはカフェが営業しています（**写真15**）。つまり図書館と昼食程度がとれる喫茶店がセットになっています。日本のように町のあちこちに喫茶店があるということはありませんから、カフェには図書館利用者ではない人もたくさんやってきますから十分営業的に成り立っています。カフェの場所代は図書館の収入になり、資料購入費などに組込まれます。そして、ロビーから新聞だけ、あるいは新聞と雑誌の置かれたスペースがつながっていて、ここだけは図書館の開館（先ほど一〇時とお話ししました）の一時間前から入室できるようになっていますます（**写真16**）。失業者や高齢者がカフェからコーヒーを持ち込んで新聞を読んだりして開館を待っています。

さて、図書館のメインの部分へ進みますが、入口には図書の不正持ち出しを検出するBDS（ブック・ディテクション・システム）がほぼ標準装備といえる比率で設置されています。この装置を巡って日本では、町田市立中央図書館で六万冊以上の本が紛失していると報じられてから、公共図書館にも設置すべきか否かで議論になっています。昨今CDショップなどにも付けられるようになってきていますので、目にされた方が多いと思いますが、北欧ではデパートの入口にまで設置されていますから、市民にはまったく当たり前のことと受け取られています。

写真16　新聞室は開室（右の図書館はまだ閉っている）

館内は、先ほどお話ししたように、図書館は主に冬の施設ですから、窓を大きくとって明るいことが欠かせない条件になっています。とはいえ、光線の力は弱くすぐに暗くなりますから、人工照明で明るさを補うことになります。その人工照明を日本のように蛍光灯の天井照明

写真17　天井照明は従、書架付照明が主

写真18　囲われた「静粛読書室」個席が並ぶ

だけに頼ることをしないのが、北欧流の照明方法で、天井照明は少なくし、個々の書架に付けた照明、閲覧机のデスクランプ、テーブルや椅子の固まりに対応して適宜置かれた自立型スタンドなどで、それも白熱球が多いのですが、それぞれ必要な場所だけ明るくします（写真17）。この方が電気代の節約になり、必要な光が近くにあるのが便利という発想です。住宅内や、私のおりました大学の研究室の照明も暗かったですから、北欧の人は、日本人ほど照度が高くなくても本が読めるようです。日本人が明るさに鈍感になっているのかも知れません。

スペースの構成や部屋の並び順といった点では、日本とさほど変わりがありません。ただ一つ大きく異なっている点は、日本の図書館では館内全体が静かであることが前提とされ、グループで話しながらレポートをまとめるとかパソコンを使うなど、声や音を出す人のために部屋が特別に設けられるのが一般的ですが、北欧ではこれと全く逆で、先程来お話ししているように、館内は娯楽の場として全体的にがやがやしていて、静かに読書したい人のために「静粛読書室」と呼ばれる囲われた部屋がつくられていることです(写真18)。つまり、日本が静の中に動を囲うのに対して、北欧では動の中に静を囲うのです。一見すると日本の自習室のように、ガラス張りの部屋に個人机が並び、静かに読書に没頭したい人がそこに入ります。

北欧の家具デザインの美しさ、使い勝手の良さはよく知られているところですが、図書館の家具もまさに北欧デザインの展示場のようです。全体としてデンマークが最も既製品が豊富に用意されています、そして書架にはスチール製が多く使われています。フィンランドでは逆に机も書架も建築家のオリジナルデザインでその都度つくられ、かつ木製家具が主体です。間のスウェーデンはデンマークに近い方では既製品、フィンランド寄りは特注品という傾向が見られます。木材資源との近さや家具産業の強さが理由であるといえます。

写真19　図書館内にも乳母車のまま入ることができる

さて、これも北欧に関してよく知られていることは、心身に障害のある人でもまったく不自由なく生活できるような町づくりが進められていることです。図書館もその延長上にあることは言うまでもありません。段差にはスロープとエレベータが必ず設置されています。最初に赤ちゃんの乳母車のことをお話ししましたが、この乳母車は、赤ちゃんが横になって寝られる日本でも昔見られたような形の大きなものです（写真19）。それでもまったく障害はありませんから、図書館内にも入ってきます。実はバスも中央の入口が一段低くなっていて、乳母車はそのまま乗り込めます。当然のこととして車椅子の人の絶対数はさほど多くありません。私はこの乳母車の存在がいわゆるバリアフリーの町づくりに強く影響しているのではと考えています。

写真20　子供たちはまた活発な図書館利用者層

最近の変化

時間も少なくなってきましたので最近の変化についていくつかをお話しします。

第一に挙げられることは、かくも図書館利用が活発な北欧諸国でも、娯楽の多様化などの影響で人々が本を読む時間を減らしてきた、また、インターネットの普及により図書館を利用する必要度が下がってきたことに対して、図書館界あげて危機感をもってサービスの向上に努めているということです。しかし、児童はまだ最も熱心な図書館利用者層で活字離れはあまり問題にされていません（**写真20**）。

第二には、国家と自治体財政の逼迫が図書館に変化を余儀なくさせていることです。新しい図書館の建設計画が中止されたり延期されたりするだけではなく、職員とくにアシスタントの削減や開館時間の短縮が現実化しています。新館建設が進められないために、別の用途でつくられている既存の施設を図書館に改修して使うことが増えています。なかでも先ほどお話ししたように区に分割された図書館では、もともと乏しい区の収入が減ってしまって、新館の建設はほとんど不可能な状態です。われわれ建築家には既存施設の図書館への改修という珍しい事例を見ることができてありがたいのですが、やはり古い建物にはいろいろな制約が多く、なかには悲惨な図書館もあります。

写真21　セルフサービス式貸出機

写真22　カウンターの一画にセルフサービスステーションを設ける

今北欧の図書館は、不況で利用者が増加している一方で、人手の削減を強いられ、そし

写真23　貸し出しはセルフサービスが原則

写真24　助け合いながら自動返却装置を使いこなす

て生き残りのために一層のサービス向上が求められるという、非常に困難な環境下にあります。解決策の一つとして急速に普及しつつあるのが、セルフサービス化です（写真21〜24）。まずインフォメーションデスクのサービスアップのために、資料の検索には日本と同じくＯＰＡＣ（利用者開放端末）が館内のあちこちに多数設置されています。インターネットが利用できるパソコンも数多く並べられています。

次にアシスタントの削減で行列ができてしまう貸出手続きのために、利用者自身が貸出処理を行うセルフ貸出しが急速に普及しています。スウェーデンには原則として貸出しはすべてセルフ式という図書館が九五年に開館しました。投入口に本を入れると自動的に貸出手続きをして別の口から出てくる装置を置くところから、カウンターの一画をセルフ式の場所としてバーコードリーダーなど職員が使っているのと同じ機器を逆向きに置いている例まで、さまざまです。自立型の装置をおく場合には、図書館の出口付近だけではなく書架群の中などいろいろな場所に分散して置いています。

今度は返却です、返却は一冊ずつ処理しますから、それでなくても行列ができるのに人員削減で大変です。また、返却された本をまた棚に戻すためには、一度カウンター裏で分類に従って区分けしなければなりませんが、この仕事に当たるアシスタントを減らすために、新たに登場したのが自動返却処理機です。投入口から本を入れますと機械が自動的に返却手続きを行い、次に「児童」とか「小説」とかの区分に従って二〇分類までを行い、別々の入れ物に機械が仕分けしてくれます。職員は入れ物が満杯になったらその区分の書架まで運び棚に並べれば良いのです。利用者にはレシートが出てきて返却手続き完了を知らせます。ここで皆さんの中には、期限の過ぎた本はこちらに返してしまえばよいと思われた人があるかも知れませんが、レシートにはしっかり罰金額が印刷されます。しかも、それをカウンターに持っていって払う人がほとんどであることは驚くばかりです。いずれ

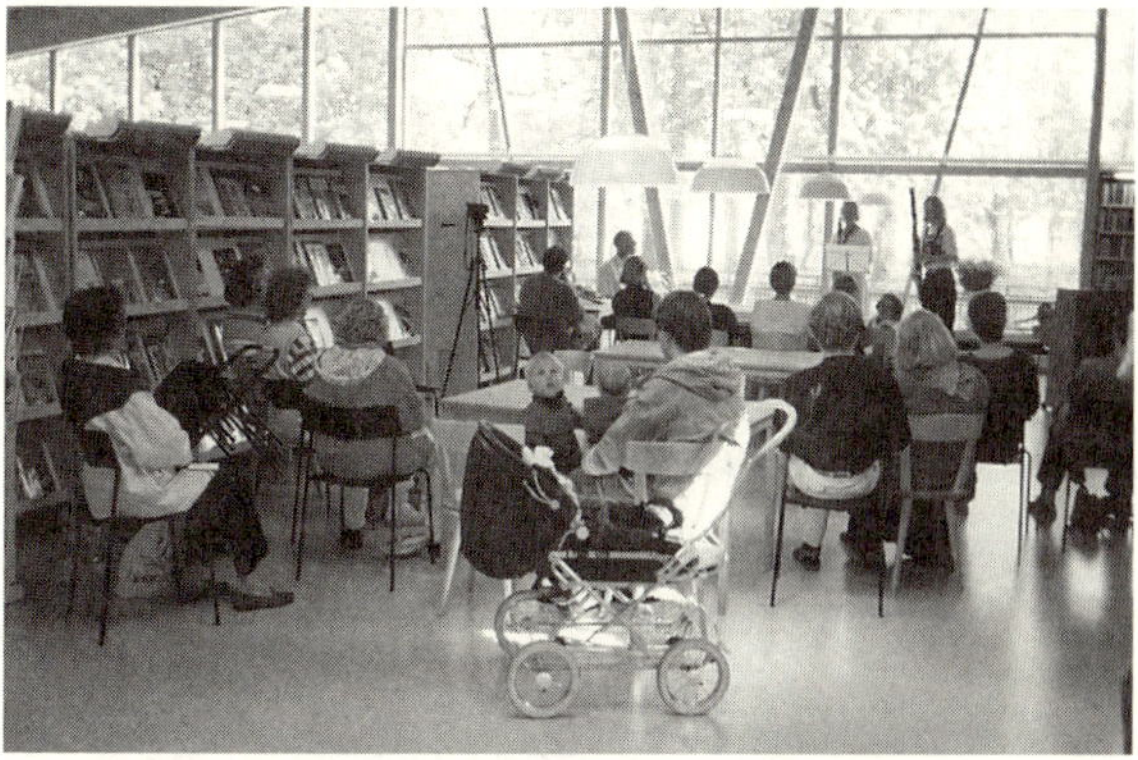

写真25　夏の午後、市民によるミニコンサートが開かれる

にしてもこの人手削減の救世主となっている二つの装置の評判は、「若者など機械に強い人がどんどん利用してくれることで行列が短くなり、その分老人などに丁寧に応対できるようになったので大変効果がある」というのがほとんどでした。

私はとくに貸出しのセルフサービスは日本でも採用すべきではないかと考えています。それも北欧とは違う目的が主なのですが、まず混雑時の行列の短縮ができ、援助が必要な人に手厚いサービスができるようになるのは北欧と同じ効用です。そしてこちらが主なのですが、常連になって図書館員と顔見知りになるとますますそうなのですが、何となく借りにくい本てありますよね。読書のプライバシーを図書館員からも守ることができるということです。この主張は図書館員からは支持されないだろうなと思いますが、しばらくの間は言い続けようと思っています。

最後に、強調しておきたいことは、北欧で普及しつつあるこの二つのセルフサービス装置はまだまだ精度が低く使い勝手もよいとはいえないにもかかわらず、利用者が大変協力的であることということです。罰金をすすんで払ったりすることにも表れていますが、この協力ぶりは、利用者それぞれが図書館の存在が自分たちの生活にとって欠かすことのできないものであると、心から思っていることの表れであると言えます。また、セルフサービス化への切り替えに当たって、図書館も財政状態などをきちんと市民に公開して理解を求め、納得を得られているからこそスムースに実現できているのです。ここに、市民の暮らしと共にある図書館の基本を見ることができると申し上げて終わりとします。

図書館と著作権制度

玉井克哉

玉井克哉（たまい　かつや）

一九六一年東京都生まれ。東京大学法学部卒業。大学卒業後、東京大学助手、助教授を経て、現在東京大学先端科学技術研究センター教授。この間、一九八九年九月〜九〇年二月及び九〇年五月〜九二年四月に、ドイツ（ミュンヘン）のマックス・ブランク外国国際特許・著作権・競業法研究所にて在外研究に従事。専門は知的財産法。主な論文に「職務発明制度改正法案の検証（『知財管理』vol.54）」「特許法35条の解釈と立法のあり方（『第一東京弁護士會報』no.375）」等、多数。

ただ今ご紹介にあずかりました玉井克哉です。東京大学の先端科学技術研究センターという所で知的財産権の勉強をしております。知的財産権というのは、大きくジャンルを分けますと、特許、商標、著作権というのが三大主要分野でありますけれども、その中の著作権につきまして少し話しをしろということでございますので、本日はこちらにお伺いさせていただきました。著作権の中でも、マルチメディア時代の著作権ということで何のお話しをしようかと思ったんですが、何と言いましても図書館に関係あることをお話しするのが恐らく大半の方のご関心のあるところだろうと思います。そんなわけでお手元のレジュメには図書館と著作権制度というタイトルをつけましたが、著作権法全般、マルチメディア時代あるいはデジタル化・ネットワーク化時代の著作権法全般のことを念頭に置きながら、それが図書館にとってどういうふうに意味をもっているのかと言うことをお話し申し上げたいと思います。本日は特に法律のご専門でない方も多くいらっしゃるということでありますので、著作権法そのもののお話し、特に日本でのお話しをごく大ざっぱに致しまして、その後今日における特徴が図書館においてどのように現れているのかということを一種のケーススタディとしてお話し申し上げたいと思います。

時間八〇分と伺っておりますので最初の一時間位を私からの話に充てまして、その後二〇分位、質疑応答の時間をもうけたいと思いますので、私が話をしている間に質問事項を考えておいていただければと思います。

さて、著作権法という法律がありまして、これは昭和四五（一九七〇）年に出来たものであります。昭和四五年というと私共のような世代には万博があった年、もう少し上の方には安保の年でして、非常に思い出深いものですけれども、多分この中の学生の方には何のことやら昔話としかお思いになれないかも知れません。そんな時代に出来たものであります。もちろんその時に初めて出来たのではなくて、それまではカタカナ書きの非常に分かりにくい著作権法というものがありました。昭和四五年に出来たこの法律は、翌年の昭和四六年の一月一日から施行されたのですけれども、これは当然ながら今日まで何回か改正されております。改正がされた年を拾ってみますと、まず最初の改正は、昭和五三年でありましたけれども、その後昭和五六年、昭和五八年と改正がされまして、その後も昭和五九年、六〇年、六一年、ひとつ飛びまして六三年、その後は平成元年で、三年、四年、五年、六年、七年、八年、九年とほとんど毎年のように改正されております。現在もまた次の改正に向けて準備をしているところであります。こう次々に改正されまして、しかもその多くが結構重要な改正であったりするもんですから、例えば学生相手に講義などやっておりましても、最新の六法でないと間に合いません。というので、学生にとって、例えば法学部の学生などにとっては六法の購入を強いられる不評な科目の一つということになります。

この著作権法は、これだけたくさん改正されておるということは、別の意味、側面から言えば、要するに抜本的な改正がなかなか行われずに、パッチワークのように何か問題が起こるとそこをつぎはぎをするという、そういう改正が毎年のように行われているということであります。したがって基本的な仕組みは変わっていないんですが、なぜ変わっていないかというと、一つはもちろん日本のお役所の物事の決め方がパッチワークに適していて、抜本的に物事を変えるのに適していないということでもあるわけですけれども、もう一つ事情がありまして、これはベルヌ条約という条約がありまして、それにのっとって基本的なシステムが決まっているものですから、日本国だけで勝手に抜本的に新しい著作権制度を考え出す、まったく新しく作るということはなかなか出来ません。

そのベルヌ条約ですが、いつごろの条約かと言いますと、非常に古い条約でして基本的な骨格は、一八八六年、一〇〇年以上前に出来た条約であります。ちなみにこの条約の名前は「ベルヌ」と言っておりますけれども、これはスイスの首都ベルンのことであります。このベルヌ条約も何度か改正されておりますけれども、最後の改正は、一九七一年のパリ改正というものでありまして、大体それでお分かりのように、我々のこの著作権法が施行されたのが一九七一年ですので、私共が現に目にしている著作権法は、出来た年にパリでの最後のベルヌ条約の改正が行われている。実はそのわが国の著作権法はこのパリ改正に対応すべくもともと作られたものであります。元の条約であるベルヌ条約の方がそれ以降一切変わっておりませんので、抜本的な改正はその後我が国では不可能になりました。不可能であるというのは、その加盟国にとっては条約の方が優先しますので、国内法で勝手に抜本的な改正をするということは出来ないという事情があります。しかもベルヌ条約は何度も改正されていますけれども、基本的な仕組みはさっき申しましたように一八八六年に出来ましてからほとんど変わっておりません。

というわけで、著作権法のほとんどあらゆる問題は、今日話をするマルチメディアの問題とか、あるいは特に著作権と図書館との関係の問題とか、非常に古くデザインされた法律を今日の新しい状況に当てはめなければいけないことから生じる問題である、と言えます。

さて、その著作権法がどういう仕組みになっているかということですが、基本的な仕組みは割りあいに単純であります。

一つはその権利の客体というのがある。この法律では「著作物」と呼ばれるものでありります。この著作物、例えば今お手元に大体行き渡ったかと思いますけれども、このレジュメというのは私の著作物であります。こういう著作物があると、著作物と言ってもこの紙が問題なのでなくて、この紙の上に載っている情報が問題なんですけれども、この情報について、一定の権利が、著作行為の時点で――ということは昨日の夜なんですけれども――一定の権利が発生しているということになります。その権利の主体は、まず基本はこの著作物を創作した人、これを法律では著作者と呼んでおりますけれども、このレジュメについては私です。私が何種類かの権利を持つというのが基本的な仕組みです。

このレジュメという著作物について、著作者である私は、著作権と著作者人格権というのと二種類の権利を持つ、これが私のところに権利として発生しているということです。

それから、そういった権利が発生する時に何か手続きを踏まなければいけないということは、全然ありません。昨夜著作行為が完了した時点で、私のところに権利が発生しており、しかもこの著作権については、著作者の死後五〇年間保護されるということになっておりまして、私がもし仮に後ちょうど五〇年生きられたといたしますと、このレジュメについての私の著作権はこれから先一〇〇年くらい存続するということになります。しかも、これは、仕組みとしてはあらゆる著作物について同じです。あらゆる著作物といいますと、どういうものがあるかといいますと、典型的には小説ですとか、様々な言語の著作物がありますす。それから音楽あるいは美術、これは例えば絵とかそういったものです。そういうものが著作物と言われまして、ありとあらゆる著作物について基本的に同じ仕組みが通用するということであります。

では、何が著作物か。典型的なものの場合は、非常に分かりやすい。小説らしい小説、美術らしい絵画、あるいは音楽、これらは著作権法の典型的な適用対象で分かりやすいものですけれども、一体何が著作物で、何が著作物じゃないのかというその限界線は、実は法律ではあまり明らかではありません。法律は、著作物という言葉を定義しまして、例えば「思想又は感情を創作的に表現したものであって、文芸、学術、美術、又は音楽の範囲に属するもの」、と言っています。こう定義している訳ですけれども、この中で「思想又は感情」の「創作的な表現」というのは、一体何のことか。

これは日本語をいくらよく知っている人でも理解は困難です。自分は理解出来るとお思いの方は、著作権法の言語感覚が普通の日本語とどれだけずれてるかということを示す条文がありまして、これは一〇条の一項というところに、「プログラムの著作物」というのが出てくる訳です。これはコンピュータ・プログラムの事なんですけれども、コンピュータ・プログラムが日常用語でいう思想または感情を表現する、例えば戦友を失った悲哀の感情を表しているプログラムとか、いずれ資本主義社会は死滅して世界革命が起こる、そういう思想がプログラムの、たとえばソース・コードから感じられるということは、およそ信じられない訳です。ここでの「思想又は感情」という言葉はどうも日本語の普通の意味ではなくて、人間の精神作用とかいったような非常に広い意味であると考えないと、どうもこの法律のつじつまが合わないことになります。

その他、著作権法にはデータベースの著作物というものが出てまいりますが、データベースが思想や感情とかを表現するために作られていると非常に使いづらいわけでして、一定の範囲でデータのありとあらゆるものを集めたというのが、使いやすいデータベースです。ここでも、思想という言葉は日常の日本語とは随分ずれているわけです。意味があるのはしたがって人間の精神作用であって、しかも創作的である。それが何か表現されているというところに意味があるという程度に理解する他はありません。

したがって何が著作物であるかというのは限界線上では非常に分かりにくい訳でして、『著作権判例一〇〇選』という要するに著作権法で重要な判決を一〇〇ぐらい集めた書物がありますけれども、そのうちの約半分弱ぐらいの判決は何が著作物かということについての判決であるわけです。普通は、例えば財産法といいまして不動産についての法的な記述を扱うジャンルで、何が不動産か、何が土地かということについて争いが起こることは、めったにありません。ごくまれにありますのは、川の流れている河川敷であるとか、あるいは満潮時には水没するけれども干潮になると出てくる干潟や、そういうものが法律上土地と言えるのか、そういう問題はありますけれども、普通その辺の草の生えたような土地については、そういう争いが起こることはめったにない訳です。

ところが、著作権法においては、あるものがこれははたして著作物と言えるのかということが非常にしばしば問題になります。例えば、図面や地図のようなものが入った著作物についてです。地図と言いましても、例えばつくばセンターのバス停にいた人に図書館情報大学にはどのように行ったらいいのですかと聞いて、こう行けばいいんですよと言って紙の裏かなんかに図をぐちゃぐちゃと書いてくれた。これは一種の地図なわけですけれども、それがはたして著作物と言えるのか。これに「思想又は感情の創作的な表現」というのがあるのか、それはこの地図をいくら眺めても分からない訳ですが、しかしそれを勝手にコピーすると、著作権侵害になって罰せられたりするのかもしれない。そういうことを考え出しますと、もう恐ろしくて社会生活なんか出来ないということになりますので、実は法律家もあんまり著作権のことは考えないように生きているというのが実情であります。

そういう訳で、この著作権法システムはある意味で非常に不合理な事が多い訳であります。不合理と言えば、一つは保護期間が非常に長いということがあります。先程言いましたように、著作権法の定める権利には三種類のものがありますけれども、その内の二種類、「著作権」と「著作者人格権」が著作者の権利と総称されています。つまり、私がある著作活動をしますと、「著作権」という権利と「著作者人格権」という権利の二種類が発生するんですが、そのうちどっちが重要かといえば、著作権の方なんですけれども、その著作権というのは著作者の死後五〇年間は存続するというのが原則であります。

したがって先ほど申しましたように、私が後五〇年生きられるとしますと、ほぼ一〇〇年間は私の著作について著作権が存続するということになりまして、何人と言えども一〇〇年間私の許可なくこれをコピーすることは出来ないということになります。一〇〇年間というと、私の顔も見たことのないような人しか生きていないという時代になっても、もしかすると私の著作権は残り続けるかもしれないということです。しかし、普通の場合は別にそんなに困らないじゃないかという考えもある訳です。今から九五年ぐらい先になってこれをコピーしたいという人が果たしているのかと考えると、いるはずはないだろうと思えるからです。

例えば、今日のレジュメ等の場合、今だってコピーしたいと思う人はいない。ましてや九五年先にいるはずがないというのが、普通の考えかも知れません。しかし、もしかするといるかもしれない訳です。九〇年ぐらい先に図書館情報大学の歴史を編纂するようなとき、講演会というのを何回かやったけれども、好評なものもあれば不評なものもあった、大変不評な例としては著作権についての講演会が行われたという記録をその歴史に載せるとして、そこで内容はどうもこういうことであったらしいということで、その図書館情報大学の歴史にその不評な講演会の代表としてこのレジュメが収録される。そういうことも、望んではおりませんけれどもあり得なくはないと思いますし、そういうときにコピーしようと思うと、私のひ孫を全部捜し出して来て、全員から許諾を得ないとこれはコピー出来ないと言うことになるかも知れません。

これは、昔であれば、そのコピーを取るということはとても大変だった訳でして、現代のようにいくらでもコピー機で立派なコピーが取れる時代になったのは、ごく最近のことです。例えば私の高校時代には、人のノートのコピーを取るというのは結構大変なことでして一枚四五円ぐらいしました。それにコピーを取っても一回コピーを取ると、元の字の周りに何と言うんでしょうか、あのテレビの番組がすべて終わった後のザザザという画面がありますね、「ザーザー番組」と我々は呼んでおりますけれども、あれと同じようなものが一面に出まして、その中でこう字を一生懸命読むとなんだか目が悪くなりそうな、そういうコピーが普通でありました。値段も高かったのでめったに使わないという状況がつい二、三〇年前までありました。

それが現在のように、これだけ簡単にコピーが取れるようになりますと、著作権というものがどのようになるか。先ほども言いましたように、著作権法の基本的なシステムというのは一九七一年から変わっておりませんので、そういう配慮は全くなされておりません。で、またどうしてそういう配慮がなされていないのかということですけれども、著作権というのは、もともとは狭い社会の慣行だったわけです。つまり著作物の典型的なものは小説と音楽と絵です。この三つは、ビジネスの側面から見れば、例えば日本社会のGDPにとってどれだけ重要かと言えば、家電製品とかそういうものに比べて、圧倒的に重要だということは全然無いわけで、はっきり言って産業としてはGDPとはあんまり関係ないと言うジャンルであった訳です。で、しかもその小説を取り扱う出版社、あるいは絵を取り扱う画商、あるいは音楽を取り扱う音楽出版社やプロダクション、そういったところと作者、作詞家、作曲家とかあるいは画家とかそういう人との関係というのは、なんていうんですか、良い言い方をすれば人格的に親密な関係、悪い言い方をすれば法的な権利については非常に無頓着な関係が続いていたと思われる訳です。

私は今日に至るまで三〇何回か学術論文やそれに準ずるようなものを書いたことがありますけれども、その中で出版社との間に契約を結びまして、それで締め切りはいついつで、これこれの量の原稿を、こういうテーマで書いてくれれば、いくらいくらの原稿料をこういう方法で、いついつまでにあなたの銀行口座に振り込みます、というような契約を結んで、きちんと契約どおりに原稿を書いたということは、ここ三〇数回の経験の中で、実は一回もありません。私がお相手をする出版社というのは、だいたい法律専門の出版社で、法律については他の出版社よりも明るいと思われるところばかりですけれども、それでも一回もない訳です。大体電話で「こういうの書いてくれますか」とか言って、「いいです」とか言うと、向こうで一方的に執筆要領とかを送り付けてきて、えらい早い締め切りが設定してある。それにものすごく短い枚数が設定されていたりして、大体これサバ読んで二割増しぐらいでないと言いたいことが書けないような、そういう条件を出してくる。しかも狭い世界ですから、例えば何人かで共同して書くというような場合に、三月三〇日というそういう原稿締め切り日になっておりますと、年度末だからもうこの締め切りは関係ないと判断します。依頼書にもそのような趣旨の言葉がある。では、本当の締め切り日はいつなのかとうわさが乱れ飛びまして、三月三〇日ではなく連休明けでいいだろうとか、ちょっと連休明けっていうのはまずいんじゃないかというようなことで、四月二〇日ぐらいじゃないかということになって、編集者に近い人に聞いたら四月二〇日らしいとかそういう情報が回ってくる、そうなるとそれを目指して一生懸命書く訳です。締め切りというのは通過点に過ぎないという、そういう感覚でやってる訳です。

ではなぜそのようになるかと言えば、出版社と執筆者というのは、長年密接な関係で、お互いの手の内が分かっていますから、向こうも当然本当の締め切りは四月二〇日というのを明らかにすると、執筆者のほうも、これはどうせサバを読んでいるんだと判断して、四月二〇日ということは六月一日ぐらいだというふうに勝手に考えて、締め切りがむちゃくちゃになったりしますんで、もうお互いの了解でそういうことをやっているということがあります。ですから著作権というのは、もともと、そういう狭い範囲の慣行を規律する存在に過ぎない。恐らく画家と画商の関係なんか、もっともっと密接な人格的な関係にもとづいているんじゃないかと思います。

ところが、それがこの頃著作権ビジネスというものが盛んになってきまして、そのおかげで、全社会的に非常に注目されている、重要性が増してくるということになってきた訳です。言ってみれば社会全体の中で、今まで隅の方でポツポツと関係のある人がいるに過ぎなかったのが、その著作権という仕組み、システムに巻き込まれてくるようになってきた。これは今日お話しする図書館も同じです。これは産業構造の変化ともちろん関係がある訳でして、これは私が言い出したことではありませんけれども、経済史などやっておられる方に言わせれば、もともと農業社会、つまり第一次産業が中心で、そこから産業革命で第二次産業で食べていくと言う国がイギリスを筆頭に現れてきて、日本も戦後の高度成長でその段階に一九六〇年代から七〇年代ぐらいに達した。さらにその後に来るのはどういう時代かというと、サービス業で食べて行く時代になりました。第三次産業が最も重要になるそういう時代である。その第三次産業の中では、人に直接のサービスをするとか、クリーニングをするとか、そういったようなサービスから、だんだんその社会生活そのものを豊かにするとか、生きていて楽しいという実感を与える、そういう産業がだんだん盛んになって来る、というようなことをいう人がおります。堺屋太一さんという方は、それを「知価革命」と呼んでおられます。社会生活を豊かにするというのにもいろんな産業がありますけれども、その多くは、実は著作物に関係する訳です。

例えば最近の著作権に関連する産業の中でもっとも当たったのは、何と言っても「タイタニック」という映画だと思いますけれども、映画というのは、これは著作権の塊のようなものでして、著作物なくして映画というものはあり得ない。アーティストの中で私から見れば何であんなかっこしているかわからんという人が、亡くなってしまうと五万人ぐらい葬式に行ったりする。そういう時代であるわけでして、音楽というのも著作権産業としては非常に大きなものであります。産業として非常に重要になって来ました。特にあの「タイタニック」の例でもお分かりのように、世界最強の国であるアメリカ合衆国にとって著作権ビジネスが非常に大きな意味をもっております。ですから、世界中で著作権が強化されれば、アメリカの産業である例えば映画産業がもうかり、したがって合衆国民の生活が豊かになる。しかもそれはビジネスとして大きいだけではない。映画を輸出することは文化を輸出することである。そういう意味があります。そこでアメリカ合衆国などでは、国を挙げて著作権の強化に取り組んでいると言う状況です。

社会の変化によって、もともと社会のごく一部の狭い範囲の慣行に過ぎなかったものが全社会的なものにに巻き込まれただけでなく、それを後押ししようというのが世界的に見ても最強のグローバルパワーであるアメリカ合衆国であるということで、非常に急速に、急速にと言いますのはここに一五年くらいの間に、著作権というのが我々の社会にとって重要になってまいりました。であるからこそ私のようなものが、この場に呼んでいただいて、こうやってお話しさせていただくと言う機会もできた訳でして、本当は著作権様々で著作権の方に足を向けては寝られないのですけれども、そういう立場を別にしますと、やっぱり内容的には不合理だなあと思うことがいくつもあります。

その不合理なことの一つですけれども、著作権の中に、著作権というのは先程も言いましたようにいくつかの権利の総称でありまして、なんとか権なんとか権とか何種類かありますけれども、その最も重要なものは著作権法のシステムが始まって以来今日まで変わらず、「複製権」というものであります。つまり、先も言いましたけれども、英語で「著作権」に相当するものをコピーライトだというのはご存じの方もいらっしゃるかも知れませんけれども、その名称が示しておりますように、基本的には、著作物のコピーを無断で取ってはならないというのが、著作権の基本的なシステムであります。コピーを取ることに着目して法的な規制をかけていくというのが、基本です。これは結構重要なことでして、利用に着目して規制をかけているのではありません。いくら利用しようと全く利用しなかろうと、コピーを一部取ることがその著作権者の権利に触れると言う構造になっています。

これは、例えばベルヌ条約が出来たころの一八八六年、あるいは現行の著作権法が施行された一九七一年にはあっていた訳です。それは、皆さん方が例えば本を買って、いい本だと思って買ったけれども、積ん読になって全然読まないという場合もありますでしょうし、これはすごく立派な本だといって感動して何度も読むと言うこともあるでしょう。何度読んでも、積ん読で置いといても、本一冊の値段は変わらない訳です。変わらないのはもちろん紙代とか何とか変わらないというのがありますけれども、重要なのは著作者の手元に入るべき印税、つまり著作権の値段というのがコピー一部当たりになっていて、一回読むといくらというふうにはなってないということが重要な訳です。

そのほうがあたりまえじゃないかと思われるかも知れませんけれども、それと同じシステムで、例えば同じコンピュータプログラムというのも運用されています。こちらになると不合理のような気がします。つまりワープロソフトを買って来ると、ソフト一本当たりいくらという値段を取られる訳で、買っては見たものの全然使い物にならないソフトというのがあって、ハードディスクに入れたまま全然使わないで無駄になっちゃったというものがたくさんあります。私もたくさんありますけれども、それは一本いくらなので、結構な値段を取られてる訳です。一万円とか三万円取られる訳です。しかし毎日毎日使うワープロソフトでも一本いくらなので、同じくらいの値段しか取られない。これは複製のところに注目しているというその著作権制度の直接の結果です。

今いろんな放送がありますけれどもソフトウェアなども利用度に応じてお金を取ったら

いいんじゃないかという意見があります。一分当たりが五円とか、というふうに利用度に応じてお金を取るようにして、一本当たりいくらという、そういう著作権の適用を全面的にやめてしまってもいいんじゃないかというわけです。例えば、もう最初はソフトは全部ただで配る。ただで配るかわりに、使い勝手のいいソフトはたくさん使って下さい。たくさん使ってくれれば一分当たり五円いただきます。ということで課金出来れば、そのほうがはるかに合理的じゃないか。それで、使ってみて、くだらないと思えば、そのまま使うのをやめればいいのです。五分使えば二五円で負担すると言うことになれば、ソフトウェアの流通も、もっともっとうまくいくんじゃないか。そういう声がソフトウェアを開発する人などからも出ている訳ですけれども、それがなかなか出来にくいのは、一つはもちろん技術的にやりにくい。何分使ったかというのをカウントして、それで課金するというのは、たしかに技術的にやりにくい。また、それだけでなく、仮に技術的に可能であっても、それは著作権法の基本的なシステムとちょっとずれてくるということがありますので、そこを法的にどうやって処理したらいいのかという、そういう問題も別にあります。

つまり、法的に難しいのです。このような現実的な変化が生じていても、なかなか変えられないのは、先も言いましたようにベルヌ条約というのがあって、これにもとづいて著作権法も出来ているからです。従って制度を変える可能性は、非常に低いということが言えます。ただ日本は条約に入るとき非常に生真面目に、生真面目にその条約を実施する国でありまして、あまりに真面目にやり過ぎてんじゃないかと思うことが私も正直言ってあります。

たとえば、先ほど話のでたアメリカ合衆国ですけれども、アメリカ合衆国は実はベルヌ条約に最初のうちは入らなかったわけです。入らないという態度を一〇〇年以上維持したわけでして、なぜ入らないかというと、わが合衆国のすばらしい法体系とベルヌ条約とは基本的に合わない。基本的に合わないんで入ることができないんだということを、一〇〇年以上言い続けていた訳です。ところが、ある日突然、一九九一年になってやっぱり入ろう、と言ってきたわけです。これまで基本的な法体系に合わないから入らないって一〇〇年以上言い続けてきて、突然そういうことを言い出して、恬として恥じない。そういう国があるわけですから、我々もちょっとぐらい条約に合わないことをやっても、「いやそれは日本には条例というのがあって、地方公共団体でそれぞれよくやってるからいいんです」とか適当な事を言えばいいと思うんですけども、そういうことは日本の生真面目な官僚あるいは国会議員にはちょっと耐えられない訳で、かなり一生懸命忠実にベルヌ条約を実施しております。それで、自由度が非常に低いということがあります。

それから著作権法システムのもう一つの特徴としまして、これは純粋な私法として設定されている。私法ということは、ちょっとテクニカルな言い方ですけれども、要するに先も言いましたように私が何か著作行為をすると、その瞬間に著作権が発生すると言うことです。したがって何か役所に行って登録してもらうとか、偉い人のお墨付きをもらうとかそういったことは一切必要ない、そういう仕組みになっています。これもベルヌ条約に入っていますので、日本だけで変えるということはできません。これは権利者から見れば非常にいいように思う訳ですけれども、しかし著作物を利用する側から見ると大変困る訳です。つまり、どんなものでもとにかくだれかが権利をもっている訳で、しかもだれが権利をもっているかはよく分からなかったりするわけです。

マルチメディア時代の著作者と言うことで一つの事例を上げますと、例えば、新聞データベースと言うものを作ろうという動きがあります。これは朝日新聞とか日本経済新聞とか、いろんな新聞社で、過去の新聞記事をデータベースにして、そのデータベースで検索すればいろんな昔の出来事が分かるというシステムを整えようとしております。当然ですけども、そういったデータベースを作るのには膨大なお金がかかりますから、かかったお金を利用者に払ってもらって、回収しようという、そういうビジネスです。こういうものを作るのに何が問題になるかと言うと、これはとにかく著作権がいろいろと問題になりま す。無署名の文章で埋められている普通の新聞記事なら、新聞社自身が著作者という仕組みに日本の著作権法ではなってますので、それを入れるのは、自分の著作物を自分でデータベースに入れるわけですので、全然問題ない訳ですけれども、署名記事などがありますと、それは原則としては署名した記者本人の著作物ということになる訳です。それなら自分のところの記者に「おい、それ入れさせてくれよ。」と言えばいいじゃないかと思われるかも知れませんけれど、データベースですから過去のことをずっとさかのぼってデータに入れないと意味がない訳なので、終戦直後の記事なんていうのも当然ながら入れたい訳です。

しかし終戦直後の記事というと、そのころ記者をやっていた人というのは当然もう今では新聞社におられない訳でして、元社員ということになります。元社員と言うと、どこにいるか分からない、ということが有り得る訳です。どこかの老人ホームにぽつねんと一人でいるかもしれないし、もしかするともう亡くなられてるかもしれない。しかし先も言いましたように、著作権というのは死後五〇年間存続している訳ですから、ご本人が亡くなったとしても、相続人がどこかにいらっしゃる限りは、とにかく権利をもっている人がどこかにいるということになります。

その権利をもった人を探すために、まず新聞記者本人を捜しあてて、例えば一九九五年にどこどこで死んだということが分かると、さあこれは相続人がいるはずだということで確か奥さんがいたはずだというような記憶を頼りに、奥さんを捜すと奥さんがオーストラリアに今住んでおられる、それに、子供がどこにいるかも調べなければならない、などということになると、これは結構大変な訳です。そのためには戸籍簿を調べなきゃいけませんから、戸籍謄本を取らなきゃいけないということになるし、他人の戸籍謄本なんか簡単に取れない。しかも、戸籍謄本を取って調べてみると、孫もいて孫のうちの一人が一回結婚したけれども離婚しており、その離婚する前に出来た子供が実はこちらが本当のお父さんだと言って訴えを起こしていて、今は係争中である。そんな状況があったりする。そこまで調べて、その相続人全員に、一人一人、「お宅のおじいさん、あるいはひいおじいさんはこういう新聞記事を書いたんだけれども、データベースに入れていいですか」ということを聞いて回って、「いいですよ」と全員から言ってもらわないとデータベースに入れられないということになります。これはもう途方もなく大変な手間でありまして、それを記事一個一個についてやっていたのでは、とてもビジネスにならない。もうはっきり言ってその戸籍謄本一つ取る手間ですらもかけてられない、というのがデータベースです。

いま申しましたように著作権関連でよく困るのは、権利者が自分が権利者だっていうことを意識してない場合が多いということです。私も今日のこのレジュメについては自分が権利者だっていうことを先から三回ぐらい言っていますから、それは意識していますけれども、一年も経つと、たぶんほとんど忘れてます。本人であってすら一年前のことを忘れる訳ですから、まして孫とかそんな人がおじいさんがいつどこでどんな記事を書いてその著作権が自分たちに実は相続されてるなんてことは、だれもそんなことを知らなかったりする方が、むしろ当然です。まずその説明からしなければいけない訳です。「お宅のおじいさんはいついつこういう記事を書いたんだよ、あなたは著作権法のこういう規定に従って後何年間は著作権者なんです」、ということの説明から始めないと分からない訳です。そうすると、そういう人に著作権法の授業を一回受けてもらおうか、ということになりますけれども、そうするとそんな手間なことをやってられるかということになりまして、「もういいから、うるさいから帰ってくれ」と言われると、これは法的には許諾を拒否されたということになりまして、データベースには入れられないということになります。

また、署名記事以外でも投書欄なんてものすごく困る訳です。もちろんいちおうは名前が出てる訳です。山口市何の誰兵衛というふうに例えば出てると、そうすると山口市に探しに行っても、もちろん投書のもとの、封筒とかそういうのが残ってればその投書の当時に住んでた住所ぐらいは分かるはずですけれども、行ってみて、「そういえば誰さんこの辺に住んでたなあ」とか言って、そんな情報いくら集めてみてもその本人の行方はようとして知れず、探してみたら、亡くなっておられて、それで家庭環境がえらく複雑で相続人がどこにいるかもよく分からないとか、いや分かったと思ったら、例えば新聞記者になっててちょうど今ボスニアに取材に行ってる所で音信はない、などということになると、取材先に許諾を取りに行くのも命懸けだったりするわけで、そんなことはもういちいちやってられないというのが、実情です。

そういう、権利処理が大変なのでビジネスが出来ないということがいろんなところで生じております。なぜこんなことになってきたのかというのは、これはもう何とかの一つ覚えのように繰り返しておりますけれども、著作権の基本的な仕組みっていうのは、なにしろ一〇〇年以上前にできたものですから、飛行機だって飛んでなかったし、車に乗ってる人だってほとんどいなかった。そんな時代に出来た基本的な仕組みですから、コピーが簡単にだれでも取れるなんてこと全然想定してない訳です。もちろん海賊版が当時は出ていたわけです。しかし、小説の海賊版を作るような人っていうのは、一定の印刷機械をそなえ、植字工を雇い、それで一定部数を印刷するだけの資本力がある、ということですから、だいたいその海賊版が出ると、それを押さえるというのはそう難しくはなかった。ところが、こんなにだれもがコピーを取れる時代に同じ仕組みをとってるもんですから、そこのところがまず合わない、という事が出て来ます。

これが大体二〇年前から一五年前ぐらいの話です。それからその後、しかも情報をデジタルにして保存する、あるいはデジタルにして手元に置いておく、ということが出来るようになってきました。これは大体一〇年ぐらい前から今日までの話です。このレジュメも言うまでもなくワープロで作っておりますから、私のハードディスクの中にデジタルデータとして入っております。このようにデジタルになりますと、質的に変わるのは、まずコピーを取っても劣化がないということです。

これは大変なことでありまして、つまりアナログでコピーを取らざるをえなかった時代は、どんなに性能の優れたコピー機であっても一〇回も取れば原本との違いは分かります。あるいは怪文書を作るためにわざわざ二〇回ぐらいコピーしたりするというようなテクニックもあるようですけれども、そういったこともあります。あるいは音楽で言えば、メタルテープとかそういうものを使っても、五回もコピーを取れば、CDを聞くのと全然違う音になってしまって、ある一定範囲で流通が止まるということがあった訳ですけれども、デジタルデータというのは劣化しませんから、いくらでもどんどん流通していって、どこまででも同じ品質の物が流通するという時代になって来ている訳です。ところが、著作権法というのはコピー一回取るごとに著作権者の許諾を得なさいというシステムですので、なかなかその辺も技術の変化には合っていないところがあります。

これが一〇年ぐらい前から今日に至る話ですけれども、さらにやっぱり三年前あるいは長めにとって五年前ぐらいから、ネットワーク化というのがどんどん進展して来まして、皆さんもインターネットを実用的にお使いの方は多いと思います。五年前ぐらい前まで、デジタルデータであってもフロッピーに入れて持ち運んでオフラインで渡す、というほうがむしろ普通だったと思いますけれども、現在ではそのデジタルデータをそのままネットワークで送信すれば相手方に届くと言うことですので、そうやって情報がどんどん流通するようになって来た訳です。それに対応して著作権法の方も何度も改正されてきた訳ですけれども、改正の内容は、権利を強化するというものです。新しい流通形態が生じるとそれに権利の網をかぶせるというやり方でしか改正されていませんので、実はそういう新しい流通形態に応じて著作物、要するに情報ですが、情報がどんどん流通するように、またそれを促進するように著作権法が改正されるということは、全然行われてない訳です。

その例が図書館と著作権との関係です。著作権の中には複製権というのがありますけれども、これが、もともと著作権の本体であった訳です。昔、図書館で複製をとるというのは手書きで写すと言うことしか考えられなかった。そういう時代に著作権法というのは出来ております。個人で手書きで写すという人はめったにいなかった訳で、そういう人に本人のOKを取って下さいと言っても問題なかったし、OKを取ってない人が勝手に写しても図書館としてはまさかそんな人がいるとは知りませんでした、と言ってれば済んだ訳ですけれども、今日ではコピー機で簡単に取ることが出来まして、しかも図書館にコピー機を備えるのが普通ですので、そこで著作者本人との権利処理をする必要があります。その権利処理をどうするかという問題が当然出て来ます。これについては後で申します。

それからもっと大きな問題を生じますのは、公衆送信権というものでありまして、これは実は昨年の平成九年の著作権法改正で著作権に入ったものであります。公衆送信権とは何かと言いますと、要するに非常に簡単に言えば有線でも無線でもいいんですけれども著作物をデータ、普通はデジタルデータですけれどもデータに変えまして、遠隔地に送るということです。それは著作者の権利であるというように加えた訳です。もっともそれは去年突然始まった訳ではなくて、それまでも何回かの改正で少しづつ、例えば有線の場合は著作者の権利になるとか、増えて来た訳ですけども、昨年ついに一般的に公衆送信権は著作者の権利であると言うふうになった訳です。

この著作権法はこの公衆送信という言葉を定義していまして、公衆送信をすることは公衆送信権という著作者の権利であるということにしています。しかも自動公衆送信の場合には、送信可能化権というのをさらに別に作っておりまして、サーバに蓄積したりして送信を可能にする、送信可能な状態におくことも、著作者の権利だということにしています。権利であるということは、著作者の許諾を得なければ、原則としてはおこなってはならないということです。ではどういう場合にその公衆送信権に触れるのかということですけれども、これはかなり困難な解釈問題、法律の言い方で言うとイージーケースじゃなくてハードケースになることが多い訳です。

例えばこういうことがあります。公衆への送信と言う訳ですけれども、その公衆という言葉には、特定多数のものも含むという規定が著作権法にあります。図書館から特定の相手にファクシミリで著作物を送信すると言うような場合、ほかの図書館に送るとか、個々の利用者に送るとかいう場合ですが、これは特定少数であって、不特定または多数でないと思いますので、公衆送信権なんかには引っ掛からないだろうと思いますけれども、この著作権法を所管している文化庁は、そう言った場合も含むんだと言う解釈をとっております。その解釈の根拠というのは不可解としか言いようがないんですけれども、それは特定の相手と言っても、もともと不特定の相手の中から一人の人間を特定したに過ぎないんだから、これは不特定であると言う訳です。しかし、これは法律の常識とはかなりずれています。法律家というのは、私も含めてかなり非常識な人間が多いんですけども、ここまで非常識なことを言うのは滅多にありません。つまり特定の相手は含まない、不特定の相手だけだと法律に書いてある時に、この人と決まった一人の人、あるいは一つの図書館に送る時に、もともと不特定の中から一人を選んだに過ぎないんだから、やっぱり不特定となると。では特定の場合っていったいどういう場合をいうのかということになります。そういう解釈というのは、私は解釈の常道に反するような気がしますけれども、問題はその日本の法律というのは、所管官庁があり、所管課というのがあって、所管課が立案したものが閣議を通り、政府から国会に提出されて、法律になると言う仕方で作られてるものですから、文化庁がこういう解釈を取っていますと、そういう解釈を取らないと、なんだか意味が分からないような条文が出てくる訳です。したがって、こういう解釈にもとづいて出来てるということは法律にはどこにも書いてないですけれども、どうもそういう解釈を取らないとつじつまの合わないような条文があります。そうすると自分で何か日本語の意味の通らない解釈を取っておいて、それに基づいて法律を作って、この法律の趣旨から言って、そう解釈しないと趣旨が損なわれるんだということになります。良き法律家は悪しき隣人と言う言葉がありますけれども、良き法律家は悪しき役人、ということを言う人すらいます。しかし少なくとも文化庁はそういう解釈をとってるということで、気をつける必要があるということです。

それから、公衆送信という言葉の定義上、同一構内であれば送信は自由だということになってる訳です。これもあの文化庁の挙げる例なんか見ると、例えば今現に行われてることの話、その前のほうにいらっしゃる方は私の肉声を聞いておられるかも知れませんけれども、後ろの方におられる方はマイクを通じて拡声器を通じてスピーカーから出た声を聞いておられるますが、これだって一種の公衆送信である訳です。不特定多数の相手方に、これは紛れも無く私の著作物を公衆送信していることになります。こういう場合も、今回はもちろん許諾をしていますからいいわけですけれど、こういうのも一々あなたのお話はマイクにとって拡声器に流してもいいですかということを許諾を取らないとだめなのかと言うと、同じ構内だからいいというのです。また、その建物の一階と三階とで同じ内容の話を片方はマイクで、もう一方は拡声器を通じて流す場合もいいだろう。ところが、別館で聞く場合になると同じ構内だと言えないのではないかということになります。そこに例えばファックスで流したりすると、これはもう著作権法の公衆送信権に触れるというようなことを文化庁は言います。ましていわんや、例えば国会図書館の本館と関西館、地理的に五〇〇キロ以上離れていますが、この場合には当然その同一構内とは言えないというふうに文化庁は言っております。

ということは、例えば国会図書館関西館というのが出来て、本館にある資料を見たいと言う人がいた場合、それで本館の職員がそれをコピーに取ってそれをファックスで送ろうとすると、コピーの方は複製で著作権処理がなされていても、公衆送信について権利処理がなされていないから、それは出来ないということになります。出来ないのでどうするかというと、職員が自分で持っていくか、郵送で送るか、つまりコピーの現物を送るわけです。複製については権利処理がされているから出来ますけれども、ファックスを送ることについては公衆送信になるので、権利処理をしていないと出来ないというのが、これは文化庁の解釈です。しかし、これはいろいろ困ることが出て来まして、例えば図書館相互間で、別の図書館からこの図書館情報大学にファックスで送るというのは許されないということになります。コピーを取ることが許されても、公衆送信することは許されない場合があるということになります。

なお、著作権法には例外規定というのがいくつかあって、図書館に関係のある例外規定というのは二つぐらいあります。こういう場合には著作権侵害にならないので、やっていいよという例外規定ですけれども、一つは私的使用のための複製といわれるものです。これは「個人的に又は家庭内その他これに準ずる限られた範囲内」でコピーを取ることは原則として構わない、ということになっています。ですから皆さん方がお友達から借りて自分一人楽しむために、何かコピーをとるということは、かまわないということがここでうたわれている訳です。「個人的に又は家庭内でその他これに準ずる限られた範囲内」と言う訳で、許されています。ところが、例えば、授業で取り上げられた参考文献を、一人一人別々にコピーを取っていたら面倒臭いから、みんなでコピーを取ってクラス中に配ろうということになると、これはまさに「個人的に又は家庭内あるいはその他これに準ずる限られた範囲内」にあたらないので、だめだということになります。そういう場合には一人一人別々に一部づつコピーを取りなさいという、そういうあまり合理的とは思えない規制がかけられるということになります。

もう一つ、もっと重要なのは図書館等における複製と言う定義がありまして、これは著作権法の三一条という条文ですけれども、図書館でコピーをサービスとして行う場合の根拠にされて来たんですが、こう書いてあります。「図書記録その他の資料を公衆の用に供することを目的とする図書館その他の施設で、政令で定めるものにおいては、その営利を目的としない事業として図書館等の図書、記録その他の資料を用いて著作物を複製すること」は、次の場合に許される。その第一は、「図書館等の利用者の求めに応じその調査研究の用に供するために公表された著作物の一部分の複製物を、一人につき一部提供する場合」とある訳です。

ここには、図書館等においてという言葉が使われている訳ですけれども、これは、文化庁が図書館等「において」というのは物理的に場所を示すのではなくて、複製事業の主体が図書館等であることを意味するのだと解釈しております。どこどこにおいて、というのは私は日本語としてはまさに物理的な所在を表すものだと思いますけれど、文化庁はそういう特殊な解釈を採っておりまして、この「において」というのがそういう意味である以上、コイン式複写機を設置して利用者が自由にコピーすることは脱法行為であるから許されないとか、複写機を業者に委託する場合は責任主体が図書館であるよう厳格に監督することが必要であるとか、「において」というこの四文字からどう読み込むのか、ちょっと無理じゃないかと思われるような解釈をとっております。でありますから、図書館等で複製する場合に、コイン式のコピー機がその辺に置いてあって、利用者が勝手にコピーを取るというようなシステムになっていると、これはこの三一条の例外規定に当たらないので、複製についていちいち著作者の許諾が必要だというように文化庁は解釈している訳です。

しかもこの三一条の規定というのは、これは著作権法が出来たときからだいたいこういう規定がある訳ですけれども、この三一条の規定というのは複製についてのみ著作権の範囲外だとした規定に過ぎませんので、公衆送信については何も言ってない訳です。何も言ってない以上、それについては、なんら例外は定められていないと言うことですので、先にも言いましたようにこの規定で複製出来る場合であっても、公衆送信することは出来ないということになります。

非常に困るのは、例えば外国にしか無い文献を取り寄せるというときに、五ページとか一〇ページぐらいのものでしたらなにも郵送してもらわなくてもいいわけで、ファックスで欲しいということがあります。外国の図書館に言うと、快くファックスして下さったりする訳ですけれども、相手が日本にしかない文献をファックスして欲しいといってこちらに依頼して来ても、どういう訳か日本からは郵送でしか来ない。なんでだろうと、何でこんなサービスが悪いんだと相手に思われます。郵送の場合、外国ですから早くても一週間ぐらい見込まなきゃいけませんし、相手によっては三か月ぐらいかかったりすることがあります。そういうことがあって、何でファックスで送らないんだ、ファックスだったら「送れましたか?」「はい送れました。ありがとう」で済むのに、なんでそういう遅い郵便なんて言うものに頼るんだと、外国の人に言われますけれども、日本では公衆送信はだめだと、しかも特定の図書館に送るのも公衆送信だという解釈を文化庁がとっていまして、図書館は所管官庁が文部省で、文化庁の著作権課とは、お仲間ということですので、お仲間の解釈に反するようなことをやると、ちょっとまずいんじゃないか、そういうのもあるものですから、それでちょっと困ってしまいます。

こういう公衆送信が出来ないというのは、これは要するにデータに変えた場合に、ネットワークを通じて送るのは全部公衆送信に触れるということにそうした解釈だとなりますので、電子図書館と言うものをやろうとすると、ありとあらゆることに権利処理が必要になりまして、非常に困ったことになります。実際上著作権法のお陰でそう言うのは出来ない。国会図書館も困ってるという状況にあります。

時間が押してきましたので、これで終わりにしますが、最後にまとめますと、著作権法の仕組みは一九世紀の末ぐらいに出来て、基本的なデザインを今日まで変えずに、しかし、かつては複製が中心だった権利を特に公衆送信というものにまで広げるとかして、権利者側が法律上コントロール出来る範囲をどんどん大きくしていくと、そういう方向で実は毎年のように改正が行われていると、そういうことが言えます。しかし、私は利用者側の声というのをもっと出すべきだと思いますし、それに図書館というのは身近であるし、またいろんな人の生活にかかわるものですから、こんなことやっていいのかという声を出すべきだと思います。

ほかにも、著作権が情報の伝達を害して困る例があります。その中で一番おかしいと思うのは、地域の公共図書館、市立と区立とかそういう公共図書館で、例えば身体障害者向けの朗読サービスというようなことをやっている所があります。特に目の不自由な方の中には耳からしか聞くしかない方も多いわけですから、そういう方のためにボランティアの人が週一日とか決めておいでになって、「今はやっている小説はこれですよ」と言って対面で読んであげたりする、そういうサービスをしているところがあります。その週の何曜日の何時からということで、視覚障害者の方が図書館にいらっしゃって、サービスしてもらえる訳で、これは大変立派なことだし、ボランティアの方々には頭が下がりますけれども、だれもが疑問に思うのは、どうしてわざわざ足を運ばなきゃいけないのか、図書館に来られない人はいないのか、ということです。視覚障害者ですから外に出るのは大変な訳です。白い杖をついて、いかに地域の図書館といってもよほど近くに住んでおられない限りは、何一〇〇メートルかは歩かなければいけないわけで、その間に横断歩道もあれば踏切もある、そういうところを歩いて来られる。

どうしてそんなことをしなければいけないのか、家庭にいたままサービスを受けられないのか、疑問が生じます。誰でも考えつくのは、カセットテープに朗読を入れて送ればいいじゃないかということです。カセットテープに吹き込むというのは複製です。複製である以上、さっきの「図書館等における複製」というのにあたりませんから、著作権者の許諾がいるということになります。許諾を取るのは、手間暇がかかって大変な訳です。つまり、ポジティブにいいですよ、という許諾を取らなきゃいけないわけですから、流行作家なんかにはファンレターが毎日毎日何十と来て、いちいち読んでられないという人だっている訳です。その中から、例えば世田谷区立図書館からレターが来ていても、開けもしないで捨ててしまうことがあります。そうするとこれは許諾を得られなかったということで、許諾なしということになります。もちろん中には、それを開けても、自分の作品は目で読んでもらうもので耳で聞くものではないといって本当に拒否する人もいるそうです。そういう例があるとやっぱり許諾は取らなきゃいかんなということになりますし、許諾は実際上は取れないのでカセットテープに入れる、複製をすることは出来ない、ということになります。

しかしこのネットワーク社会でなぜカセットテープを使うのか、電話回線だってあるじゃないか、あるいはハードディスクにいったん落として、そのデータをパソコン通信かなんかで送れば楽じゃないかなと思う人もいるでしょう。わざわざ図書館に行かねばならないということで著作物へのアクセスを諦める人もいるでしょう。また、平素は足を運ぶ人でも、やっぱり家に居ながらにして聞ければ、その方がいいと思うこともあるはずです。しかし、電話回線を通じてデータを送るのは、これは全て公衆送信権に触れるという解釈ですから、やっぱり実際上は出来ないということになるので、著作権法があるおかげでボランティアの方はある一定の日時に来なければいけない、つまり家で吹き込むということは出来ないし、またその日に合わせて視覚障害者の方は白い杖をついて図書館までわざわざ足を運ばなきゃいけない、ということになってしまっているわけです。私はこういうことは全く不正義だと思います。そういう不正義を権利の名の下に強制する著作権という制度は、どこかおかしいと思いますし、どこかおかしいんじゃないかと言う声は、一般の国民からもっともっとあがって当然だろうと思います。何も著作権というのが、現にある通りにそのままで人権だということはない、民衆がこれを勝ち取るためにフランス革命が起こったなどということはありません。世の中の必要に応じて変えていけばいいものなので、それが社会の発展を促すのです。

あるいは、こうも言えます。障害をもっておられる方は、世の中で生きて行く中で不便、不自由を強いられているわけです。情報化、ネットワーク化、デジタル化というのは、わざわざ足を運ばなければ出来なかったことが、居ながらにして情報という形で受け取れるということです。そういう意味で、本来ならばそういった障害を持った方にとっては、福音であるはずです。つまり、わざわざ足を運ばなければ出来なかったエンターテイメントが、家で居ながらにして出来るとか、そういう点では現に福音なわけですけれども、中でも特に重要な学術情報とか小説とか、そういう情報を享有、享受するために著作権法が足かせになって、それが出来ない。出来ないでいると、我々健常者と障害者の間にもともとあったハンディキャップが、さらにぐんと間が開いてしまう。そういう状況になってしまっているわけで、これはおかしいと言う声は、実は私も専門家のつもりで勉強はしておりましたけれども、そんな問題があるとは、お恥ずかしいことですが、そういう団体の方に聞かせていただくまで存じませんでした。伺ってみてなるほどなと思い、おかしいと思うようになりました。おそらくほかにもそういったことがあるでしょうし、図書館に限りません。社会生活の中で大勢では正しいと思われることが実は根本的におかしいということはあると思いますし、部分的におかしいということはもっとある。少なくとも著作権については、基本的にそれは一〇〇年以上前にデザインされたものを、後は権利者の権利を強めるという方向だけで変えてきているので、社会生活との間で相違が生じているのだと、一つ覚えておいていただいて、おかしい事例があったらどんどんおかしいっていうふうに声を上げていただければ、と思います。

これで、私の話を終わらせていただきます。

〔付記〕
これは、一九九八(平成一〇)年五月一四日に図書館情報大学で行われた講演の記録である。内容は当時の法律と社会状況を前提にしている。

出版電子化と新しいライブラリー像

仲俣暁生

仲俣暁生（なかまた　あきお）
編集者。『季刊・本とコンピュータ』編集長。一九六四年東京生まれ。一九八七年、早稲田大学政経学部政治学科卒業。「シティロード」（エコー企画）編集部、「日本版ワイアード」（同朋舎出版）編集部を経て、一九九七年よりフリーランスの立場で「季刊・本とコンピュータ」創刊に参加、同誌デスクを経て、二〇〇三年より現職。

はじめに

「出版電子化がもたらす新しい〝ライブラリー像〟とは」と演題をつけましたが、私は図書館の専門家ではありません。私は現場の一編集者なので、これまで図書館についてはたんなるユーザーでしかなく、その問題についてきちんと考えた事はありませんでした。

先ほど紹介いただいたとおり、私はいま『季刊・本とコンピュータ』という雑誌をつくっています。これは「本」というアナログメディアと「コンピュータ」というデジタルメディアが出会う領域で、どういう問題が起きており、またそこにはどんな可能性があるのかを考えるための雑誌です。

この雑誌をこれまで四年間つくってきたなかで、電子メディアと本のメディアが交錯する現場を多く取材しました。そのなかで、大きな問題のひとつに「電子図書館」があると言うことを知り、ようやく図書館の問題を真剣に考えるようになってきました。そして、図書館というものは変わっていくのではないか、図書館に限らず、本というものが今後大きく変わっていくのではないか、という感じを強くもつようになったのです。

ただ変わっていくのを面白がってみているだけで済むのならいいのですが、残念ながら私自身が出版ビジネスの中で働いています。ですから、人ごとでは済まない。当然、本の形が変われば仕事のスタイルも変わります。だとすれば、職業として今自分がやっている仕事の形も変えていかなければなりません。そういうわけで、雑誌づくりのテーマであり調査研究の対象であると同時に、自分自身が仕事の現場として身を置く本の世界がどう変わるかは、私自身にも切実な問題です。そして、変わりつつある本の世界のなかで、図書館というのは非常に大きな問題、クリティカルなテーマを持つものではないかと考えています。今日はこの話をしていきたいと思います。

お手元に二種類資料が置いてあると思います。片方は講義用に私が作ったメモで、大体この流れで話をしていきます。少し抽象的でわかりにくいことも書いてありますが、具体的な話も交えますので、ここまで話しているな、という講義の流れとしてみていてください。もう一つは「電子図書館が公共図書館になるために」という原稿のプリントを配りました。これは平凡社の「ネットで百科」という、『世界大百科事典』のオンライン版のサイトで私が連載していた記事の中で、図書館について書いた回です。今回の講義はだいぶ長いものになると思いますので、聞いているのに疲れてしまった人にはいい暇つぶしになるのではないかと思います。

電子化・ネットワーク化

講義メモの最初に「なぜ図書館が問題になるのか」と書きましたが、その前提となるのが電子化・ネットワーク化です。皆さんもご存知のように、電子化・ネットワーク化の例として一番わかりやすいのがパソコンとインターネットです。しかし、パソコン以前から電子メディアはたくさんありますし、インターネット以前からパソコン通信というネットワークがありました。けれども、一九九五年以降のパソコンやインターネットの本格的な普及によって、これらが社会的に一般的なメディアになってきた。大げさに言うと、いままでの紙の本のメディアの意味や存在が、これらによって比較検討の対象ができてしまい、いわば相対化されたわけです。

それまでは、ある知識をあるパッケージの形でまとめて読もうと思った場合、一冊の本の形にまとめられた著作を読むのがもっとも本道でした。そして、紙の本はいちばんアクセスしやすいメディアでもあったわけです。ところが、インターネットにつながったパソコンという電子的なメディアが出てきたことで、必ずしも本を読まなくても必要な情報にアクセスできる、それがある場合には本より早かったり正確だったりすることもある、ということが起きてきました。このようにして、本の優位性、絶対性が揺らいできているのが現在の状況なのです。

同時に、本作りの現場にもコンピュータが入ってきています。紙の本を作る場合でも、ワープロやパソコンの組み版ソフトのなかで、一度言葉が電子化されています。つまり、紙の本の前段階として、仮想的な電子的な本があるわけです。それを紙に刷って売れば普通の本ですが、印刷本にしないで、そのまま電子テキストとして配ってしまえばいいのではないか、という考えも出てきたわけです。実際、紙の本を作るために用意した電子テキストが別の形で本として流通する時代も起きている。これが、電子書籍とか e-book（イーブック）と呼ばれるものです。

「本」とは何か

そうなってくると、あらためて「本とは何なのだろう」ということを考え直してみたくなります。仕事上の必要もあって、そうしたことを考えた本をいろいろ読んで自分でも考えたことなのですが、どうやらいま、本を再定義することが必要になってきていると思います。

たとえば、一冊の本を分解してみるとします。実際にばらさなくても、頭で考えてみるだけでもいいのです。まずおもてに「表紙」があって、厚さが何ミリくらいで、判の大きさがこのくらいで、何ページ分の紙が綴じられていて……という、物理的な紙のまとまりが本だ、と言えます。そして、そうした物理的な本のかたちを電子的に模倣することは、ある程度は簡単にできてしまう。実際に電子的な本、電子書籍を作ろうとする人の中には、本の形をまるまるコンピュータの画面に再現して電子ブックだ、と言っている人もいます。つまり、本の大きさのコンピュータに、本のような見開きの液晶画面があって、そこに本の内容が表示される、といったものです。

でも、そういうことをしただけでは、電子書籍は「本」にはならない、ということもわかってきました。それが次の「集合としての本、環境としての本」という言葉で私が言いたいことです。

世の中に本が一冊だけしかない、という状態を考えてみてください。おそらくそれでは、本としての意味が全く無い。間違ったことが書いてあるかもしれないし、何かもっと知りたいと思ってもその先のことを知ることができない。つまり、本が一冊だけあっても、本があるということにはならないんです。もしあるとすれば、それは「聖書」のような、本の中に一つの宇宙や価値観が包含されているものになります。英語で the Book というと聖書のことになりますが、そうしたかたちでしか、一冊だけの本というものはありえない。

でも、いま私たちが身の回りで見ているふつうの本は、そういう一冊だけで成立する本ではなくて、じつは、たくさんの本が集まってできた「本の環境」の中にある本なんです。その環境のことを私たちは「本」と呼んでいるのではないか。

「環境の中の本」ということをイメージするのは、そんなに難しいことではありません。たとえば、本の数が少ない本屋さんでは、ほしい本がなかなか見つからないことがある。それは、ほしい本が売ってないから見つからないのではなく、本が少ないからその中で自分がほしいものが発見できないためです。大きな本屋さんに行けば、具体的にこの本、と決めて行ったわけではなくても、置かれた本の量が多いことによって、結果的に自分の読みたい本が見つかることがある。私が「環境」というのはそういう意味で、たくさんあることによってそこで何か生まれてくる、というのが本の一つの力なのではないでしょうか。

「図書館」

そこまで考えて、ようやく「図書館」の問題が私の視野に入ってきました。図書館というのは「環境としての本」をよく見えやすく形にしたものである、というのが私の基本的な考え方です。それが、公共図書館か大学図書館か、あるいは個人の蔵書かは関係ない。そういうふうにアプローチするのであれば、私にも図書館の問題を考えられるのではないか。そういうことが、今回の講義を準備しているうちに、わかってきたわけです。

いま日本でふつうに「図書館」というと、図書館法で定義されている公共図書館や国立国会図書館法、学校図書館法、大学図書館基準などでいう「図書館」ということになる。そういった制度としての図書館と、いまお話ししている「図書館」とは、重なるところもあるけれど、ずれるところもあると思います。ですが、今日の話で「図書館」というときには、かならずしも制度としての図書館に限りはしないということを、先にお断りしておきます。

最初にもお話ししたように、私はとくに図書館の専門家ではないので、法制度上、図書館がどういうものでなければいけないと定められているのかをよく知りません。皆さんはこの大学でそういうことを学んでいるでしょうし、最終的に仕事の現場を図書館に求められる方も多いと思います。しかし私が「図書館」という言葉をつかうとき、法律上の制度的な図書館もその一部であるけれど、それよりももっと広い意味での「環境としての本・集合としての本」の集まる場所を意味していると考えてください。

じゃあ、「環境としての本・集合としての本」ということをもう少し考えてみます。さきほど、あらためて「本とは何か」ということを考えようとするときに、物理的な形だけを見てもだめだ、と言いました。

本の定義というのは、じつは時代や文化によってさまざまで、統一的にさだまったものはありません。日本の場合、「本」というのは比較的新しい言葉で、「ものの本によると」という言い方がありますが、発言や情報の根拠となるソースを指す言い方としての「本」が、江戸時代くらいから現在の本をあらわす言葉になったと言われています。図書とか書籍という言葉はもともと中国語なので、「本」よりはずっと古いルーツがあります。こちらは、もう少しきっちりとした「形」としての書物から来ている言葉だと思いますが、日本語の「ほん」という言葉はもう少しやわらかい言葉です。たとえば、図書館に収蔵されている図書以外のもの、ポスターとか雑誌、地図、さらには映像、音楽といったすべてのコンテンツも、とりあえずは「本」に含めて考えてもいいのではないかと思います。

本人に読ませるもの

では、あるものが「本」か否かの判別は、どこでするか。一つの定義は、それは出版されているかどうかにあるでしょう。子どもが書いた絵を、だれにも見せないでお母さんが大事にとっておいたとしても、それは本とは言えない。けれども、もしそれがインターネットのホームページに載せてあれば、見方によっては、それはある種の出版物とみなしてもいいのではないか。何ページ以上あるとか、きちんと編集されているとか、言葉遣いが正しいとかいったことを抜きにしても、他人に見せることを前提に出版されたものを、とりあえず「本」と呼んでしまったらどうか。

そのときには、文字数がどのくらいあるかとか、絵や写真、映像、音響でできているのか、言葉だけでできているか、といったことはとりあえず外してしまってもいいのではないか。仮説的には、ここまで考えてみたいと思います。なぜかというと、一つはマルチメディアの問題です。ようするに、デジタルメディアではテキスト以外の映像や音も同時に扱えるからです。そうした物理的な条件が単純に整ったということですね。

さきほど、「本というのは出版されているかどうかが大事だ」と言いました。出版されていない自分だけの日記帳といったものは、出版物といえない。けれども、もしこれを「私の日記帳」という形で本にして世に問えば、これは「本」と言っていい。つまり、書かれた内容ではなく、外の世界との関連で、それが「本」かどうかが決まるわけです。

今までずっと「本」という言葉をつかってきましたが、これからは「出版物」と言葉を言い換えて、そういう出版されたもの、パブリッシュされたもののことを今日の議論の「本」として考えたいと思います。

ところで、「出版物」という日本語はあるのですが、「出版物」をどうやって英訳するかはわりと難しい問題です。ふつう、「publication」という単語に当てはめますが、これでぴったりというわけではありません。では、「出版物」という、広い意味での「本」をどうやって考えたらいいでしょうか。長い間、紙に書かれ、印刷された本だけが出版物でした。その後、録音技術がうまれ、レコードやCDのようなパッケージに入った音楽も出版物にふくまれるようになった。さらに最近は、CD-ROMや電子書籍のようなパッケージされた電子著作物までが、広い意味での出版物を構成するようになってきた。しかも、これが最初に述べたような電子ネットワーク化によって、パッケージから溶けて出てきてしまい、流動化しています。そして、色々な出版物が融合し、マルチメディア化している。これが、二一世紀はじめの、出版物をめぐる状況ではないかと私は考えています。

電子図書館とは

でも、そうなると具体的に困ることが出てきます。そのひとつが、そうした時代に図書館をどうしたらいいか、という問題でしょう。すでに何年も前から、電子図書館の具体的なかたちはいくつか始まっています。そのひとつは、国立国会図書館や大学図書館の電子化です。でも、「電子図書館」というときには、国立国会図書館のウェブサイトや、大学図書館のウェブサイトのようなものだけではなく、広い意味での「library」、テキストをたくさん集めた電子的な図書館「みたいなもの」も、広い意味での「図書館」にふくめなければならない。そして、実際そういうものもたくさんできてきています。

たとえば、夏目漱石の本は、今でも岩波文庫や新潮文庫で比較的売れるタイトルです。いわば、これらは出版社の経営を支えているソフトですが、それと全く同じものが電子ネットワーク上でただで手に入るようになってきている。

もちろん紙の本のほうが読みやすいので、いまはそちらを読む人のほうが多いですが、仮にそういったものが電子メディアにどんどん増えていった場合に、それをどう考えていくのか。また例えば、その料金をどうやってとったらいいのか、あるいは、電子書籍のようなメディアが日常的にある暮らしをどんなふうに考えていったらいいのか。そんなことまでそろそろ考えていかなくてはいけない時代になってきていると思います。

もう少し図書館に話を近づけてみましょう。「出版物」の概念が変わってきたことによって、一つ一つの本だけでなく、本をめぐる環境も大きく変わってきています。それが、次に書いた「電子化による本の環境の変化」ということです。

たとえば「書店」、本屋さんは、本をめぐる環境として非常に重要なものです。おそらく普通の人にとっては、図書館よりも本屋さんのほうが、集合としての本、本の環境といったときにいちばんわかりやすい場でしょう。こういう場のことを、環境としての本と出会うための「インターフェイス」と呼んでみたいと思います。

ではいま、商業出版物として本屋さんでどういった本が売られているか。本の環境にとってそうしたことは非常に大きな問題ですが、これも「オンライン書店」と呼ばれるものが出てきたことで、大きく変わってきています。具体的にはアマゾン・コムです。アマゾン・コム以降にでてきたいろいろなオンライン書店は、本のインターフェイスにおける大きな変化の象徴だと思います。

出版社もそうです。例えばある専門出版社が、歴史の本を一〇〇年間ずっと出してきたとします。そうなると、ある意味でこの出版社は、本の環境を継続的に担っているプレイヤーの一つです。特定のジャンルの専門的な本を長い期間継続的に出版するという意味では、出版社も「本の環境」の重要な担い手なのです。そして、いま出版社も電子出版という形で、紙ではない形での出版を行わなければならない時代が来はじめている。

ふつう「電子図書館」というと、狭い意味での図書館のことだけを考えてしまいます。これまで大学や公共図書館、国立国会図書館は紙の本のかたちで本を保存したり貸出しをしてきました。しかし、図書館同士がネットワークでつながり、中身を電子的な形で貸出したり、データベースで検索させたりといった図書館の機能が、電子化によって変わってきている。そして、電子的なデータであれば、既存の図書館を電子化したものだけが「電子図書館」とはかぎらなくなります。

たとえば、意外と重要なのが個人の「蔵書」です。これが電子化によってどう変わっていくのかは面白いテーマです。実は、これはまだよくわかりません。ですが、非常に重要ではないかと思っています。

いま言ったことを順番に言うと、これから出版社がどのように本を出していくのか、それをどう本屋さんが売っていくのか、売るだけではなくある種の公共原則にのっとって図書館が本の貸出・保存をしていくのか、図書館とは別に個人が買った本をどうやって自分の蔵書として貯めていくのか、それを再利用していくのか、といったことが、本の環境総体の変化を考えるときの、重要な着目点ではないかと思っています。

電子図書館へ

このあとは、具体的なウェブサイトをいくつか見ていきたいと思います。こちらの画面のほうを見てください。これはGoogleという検索エンジンで「電子図書館」というキーワードで検索した結果です。

すこし脇道にそれますが、検索エンジンは近年すごい進化をしています。インターネットが使い始められたころはyahoo!のようなディレクトリ分類型の検索エンジンが中心でしたが、現在はこうやってキーワードを入力すると、検索文字列を含んだページを羅列してくれる検索エンジンが増えてきています。

実はこれも図書館の問題と大きく絡んでいます。なぜかというとyahoo!というのは完全に項目を分類しており、これまでの図書館と非常によく似た発想で作られている検索エンジンだからです。ところで、物事は何でも分類できるかというと、決してそうではありません。当然、複数のキーワードにまたがって分類されるということもあります。そして、実際の図書館はおそらくそれでずっと悩んできたと思います。

図書館で本を探しても、あるはずの本がうまく見つからないことはよくあります。例えば私自身、コンピュータに関する本を作ったときに実際に体験したのですが、「パーソナルコンピュータ」と「コンピュータ一般」、「ネットワーク」と「インターネット」、「ワープロ」に関する本は、図書館のすべて違うコーナーにあったりします。いわゆる図書館の分類法でいくと、これらはそれぞれ別になるらしい。そのせいで、別の階の棚に本が置いてあったりしました。だから、もしそれらの情報に一度にアクセスしたいと思ったら、探す人はその分類ルールをちゃんと呑み込んでいなければならない。そうでないと、求める情報があったとしても、出会うことができないという可能性があります。

ところが、Googleのような全文検索サイトになると、電子図書館のサイトを知りたいと思ったら「電子図書館」とキーワードを入れるだけでいい。それだけで、比較的高い確度で情報にヒットしてしまう。こういうことが電子メディアの重要な特徴で、これから図書館の問題を考える場合には、こういう技術をどのように考えるかが非常に大きくなってくるのではないかと思います。

電子図書館の現在 I

ところで、いま仮にGoogleで「電子図書館」を検索した場合、筆頭に出てくるのは京都大学電子図書館というサイトです。メニューの中にある「貴重資料・画像」というところを見ていくと、これは京大図書館がもっている重要な資料が見られるようになっているということがわかります。その次に「電子化テキスト」というサイトがあります。これも見ていくと京大内で書かれた論文、その他色々なものが載っています。

実はこういった電子テキストのネット上での公開というのはものすごく進んでいます。各大学図書館だけでなく、アマチュアの人たち、具体的に言うと「青空文庫」というサイトがあって、ここでは古典テキストの電子化を、日本中のボランティアに呼びかけて作っています。じつはこれはアメリカにルーツがあって、「プロジェクト・グーテンベルグ」というものが七〇年代からアメリカで始まっています。まだパソコンがなくて、大きなスーパーコンピュータしかなかった時代に、コンピュータが空いている時間に余ったコンピュータの能力を、何かに利用できないかというところから始まったプロジェクトです。マイケル・ハートという人がはじめたのですが、これは要するに、ある本が一冊しかなければ一度に一人しか見られないけれど、これを電子テキストで入力しておけば、同時に複数の人間がアクセスできるといった、ごく単純な発想から生まれたものです。

こうした、テキストを電子化してネットワーク上で公開してシェアしていこうという発想は日本でも九〇年代以降から相当にさかんになってきています。インターネット上には、こうしてアーカイブされたテキストがたくさん読めるようになっています。もちろん著作権の問題があるので、公開されているのはすでに著作権の問題をクリアしているテキスト、あるいは著者自身が公開を許可しているテキストです。

このほかに、ウェブで読めるものには、個人の日記など、はじめから本になっていない原稿があります。古典の電子テキスト、著者が自分で公開している電子テキスト、本の著者はないアマチュアの人が書いた電子テキストといった、多種多様なものが電子ネットワーク上で入り混じっている。すでにそういう状況が起きているわけです。

電子図書館の現在 II

このような電子ネットワーク上のテキストの状況から外れているものが何かというと、それは、紙のかたちで確固として存在する「本」です。これがまだ、電子ネットワーク上には載っていないんです。つまり、著作権で保護され、商品として動いていて、著者も出来れば読んでほしいと思っている本です。こうした本、つまり世の中の九九パーセントといっていいと思いますが、そうした本はまだ、電子化されていません。

逆に著作権の期限が切れたもの――そのなかには古典のかなり質のいい作品が含まれます――そして著者が自らネットワーク上で公開したいと思っている著作物、さらにはある意味でレベルが低いといっていいアマチュアの書いた電子テキストが、いまネットワーク上にはたくさん溢れ出している。そうしたものと、ふつうに本屋さんで売っているような本とが、二つのメディアとしてせめぎあっているような状況にあるわけです。

さきほどのGoogleの検索結果に戻ってみると、京大のサイトの次には筑波大付属図書館、三番目がNACSISのデジタル図書館リンク集があります。ここに「パイロット電子図書館ホームページ」というものがありますが、これは国が実施した電子図書館プロジェクトの一つとして行われたものです。すでにさまざまな本や雑誌がこの実験のために電子化されており、現実に電子図書館をつくろうという実験が行われています。詳細はここでは紹介しませんが、実際にウェブをごらんになってください。

この次に紹介したいと思っているのは、法政大学大原社会問題研究所のサイトです。ここは社会学の研究所なので本もたくさんあるのですが、そのほかにポスター類を集めています。もちろん国会図書館でも書物のほかこうした印刷物を集めているでしょうが、ここの研究所は戦前の社会主義政党の宣伝ビラやポスター、戦争中の国策スローガンなどのポスターをたくさん集めていて、二七〇〇点ほどをインターネット上で公開しています。その一部を見てみたいと思います。

この「ポスター」は、厳密に言うと本ではありません。しかし、ポスターというものはそもそも誰かに見てもらうために作られたメディアです。したがって、パブリッシュされたものと言ってもいい。つまり、ある種の公共性を持っています。公共性という言葉はいろいろなふうにいえますが、広い世界に向けて何かをアピールするということでは、政治的なアピールや、オウム真理教のようなカルト宗教が出す出版物でさえも、一種のパブリッシュと言ってもいい。それが受け入れられるかどうかは別として、中に閉じていない、広がりを持つものというのがパブリック、あるいはパブリッシュというものだとすれば、こういうポスターも十分に出版物の中に入れていいと思います。

大原社会問題研究所ではこういった資料を全部スキャンしてインターネット上に公開しています。スライドショー形式で見てみると、本を見る感覚で見られて面白いです。ここで何を言いたいかというと、これは研究所がやっているプロジェクトなんですが、同じようなことを図書館もできるのではないかということです。

「青空文庫」

さきほどから言っている電子図書館の公共性というのは、本来なら国立国会図書館や公共図書館、大学図書館がやるべきことなのですが、残念ながら日本の図書館はあまりそういうことに積極的ではない。ところが、世界中そうなのかというとそうでもなく、アメリカでは議会図書館が「アメリカン・メモリー」というプロジェクトをだいぶ前から行っています。これは、アメリカ文化のルーツを構成するさまざまな資料をインターネットで公開しているのですが、ただ公開するだけではなく、見せ方にある種の編集や演出をしています。

ふつう、図書館のイメージは、誰でも利用できる公共の場所といったものでしょう。私の図書館のイメージもそうです。本が読みたければ、図書館で借りなくても本屋で買えばいい。ただ、図書館というのは誰でも入ることができて、いくらでも時間をつぶすことができるといった、別の社会的機能があると思います。私は、それをあまり低く見積もってはいけないと考えています。

すこし話を戻しますが、(画面を見て)これがアメリカ議会図書館のウェブサイトです。一見して、日本の図書館のウェブサイトとだいぶ違うことがわかります。議会図書館のサイトは、議会図書館自身がアメリカ文化において果たした役割を強くアピールしているように思います。たとえば、アメリカの議会図書館の場合、Jazz の黄金時代の写真や音源を集めたりしています。こういった黒人文化なども含めたアメリカの文化のいろいろな側面を、しかも本だけではなく画像、音声などもふくめ網羅的に集めています。そして、それらをインターネット上で戦略的に見せていくことで、図書館の持っているある種の社会的機能というものをたくみにアピールしています。

いっぽう、日本において広い意味での図書館機能を果たしている機関は、法律が規定している狭い意味での図書館のなかによりも、ボランティアのかたちで行われている活動の中に、むしろあるのではないかというのが私の考えです。その一つの例として、さきほども少しふれた「青空文庫」を紹介します。

「青空文庫」はいまインターネット上にある日本語のサイトのうちで、もっとも電子図書館的な機能を果しているもののひとつだと思います。ここは、著作権切れのテキストや著者がネット上での公開を許可したテキストを集めて誰でも無料で利用できるようにした電子文庫です。「文庫」という名前がついていますが、文庫はもともと図書館と同じ意味の言葉ですから、広い意味ではこれも図書館といえるわけです。ちなみに「青空」というのは自由に公開されているという意味です。

このサイトにはすでに大量の著作の電子テキストが集められていて、無料で閲覧・ダウンロードできます。しかし、こうやって電子テキストを手に入れたからといって、だれもが読むためにそれを利用するかというと、そうとはかぎらない。たとえば国文学関係者の場合、研究に非常に役立つという実利的な側面もある。ある作品に特定の単語が何回出てくるか、といった単語検索も簡単だし、テキスト同士の比較も紙の本よりも電子データのほうがわかりやすい。また、本好きな人が突然ある作品のなかにあった言葉を思い出したいと思ったときに、インターネット上のテキストを読んですぐ確認できる、といった使い方もできます。

ダウンロードしたテキストは、そのままで見ると味気の無いものなのですが、電子テキストをコンピュータ上で、本のような体裁で読めるようにするソフトがあります。「T-time」というソフトで、これをつかうと、このようにページめくりをしながらコンピュータの画面上で本に近いかたちで電子テキストを読むことができます。ただし、こんなふうに電子テキストを読む人はいまはまだ、ほんの一部しかいませんし、まだビジネスになっているとはいえません。

電子テキストと公共性

でも、いずれインターネット上に膨大な電子テキストが発表されるようになったとき、それをきちんと読める受け手側のしくみができあがったとすれば、もうそれを「本」ではないと否定することはできにくい。もちろん、すべての本がこのようにならなければならないわけではありませんが、すでにこういう別のかたちの本、オルタナティブな本ができてしまった。

こういう電子テキストをたくさんまとめているところは、今までの考え方でいうと「図書館」ではない。けれども、事実上、使う人はこれを図書館だと思って使っている。だとすると、この図書館の図書館員はいったい誰なのか、という疑問が出てきます。

この「青空文庫」はボランティアに近いかたちで運営されていて、テキスト入力をしているのは日本中にいる文学好きな人たちです。テキストを入力して公開するだけでなく、電子化でわかってきた技術的・法律的な問題点、著者や出版社への交渉のプロセスなども公開しています。

電子テキストを作るプロセスで出てきた諸問題をインターネット上に公開してフィードバックしていくというのは、図書館の仕事とはいえないかもしれませんが、一種の公共的な仕事だと思います。そして、ある種の公共性をこうしたNPO的な人たちが担っているという現実があるわけです。図書館の本流とはべつに、一種の「図書館」的な存在がインターネット上にできてしまったという、一つの象徴的な例だと思います。

こういうサイトに公開された電子テキストが増えてきて、公開されている著作物が一〇〇どころか一〇万とか二〇万になったとき、もしくはある特定の作家の著作物がすべて読めるようになった場合を想像してみてください。そうなったら図書館に行かなくても、そうした本の中身はネットからダウンロードすればいい、という事態もおきてきます。

変化する「本」の環境

では、このように書物環境が大きく変わってきた事によって、私たちの生活がどう変わっていくか。今までの本というのは、このような形状をしていますから、おのずといろいろな限界を抱えています。大きく分けると、本には重さがあって大きさがあるという物理的な限界。それから、紙は比較的長持ちするけれども、いつかは劣化してしまうという時間的な限界。この二つでしょう。

本を作る側の立場から大雑把に言うと、本を作るのには物理的には数週間、編集には数か月、日本中に配送するのに数日かかります。本の企画が生まれて編集され紙の本となって出版され、日本中の本屋さんや図書館に流れていくまでには空間的な流れもあって、その時間的・空間的限界のなかで、本は作られ、届けられていきます。

こういう単純に空間と時間の限界から本をみた場合に、図書館はまず、本の空間的限界に関わってきたといえるのではないでしょうか。つまり、本を一か所に、物理的にたくさん集めておくことによって生まれる力にかかわってきた。たくさんあれば一覧もできますし、閲覧しながら集中的になにかを調べることも可能です。

ただし本というのはどんどん増えてきますから、増えつづける本とどう立ち向かっていくのかが図書館の大きなテーマになる。普通に考えれば、図書館は古い本をずっと保存する機能をもっており、時間的な限界には強かったのではないでしょうか。日本でも相当古い文書が残っていますし、ヨーロッパでもどこでも何百年も昔の古い文書が残っています。時間的限界には強いという点が、実は図書館の機能の一つだったのではないか、という仮説を私は立ててみました。

なぜそう考えたのかというと、私はずっと雑誌の編集という仕事についてきたからです。雑誌というのは、要するに時間と勝負するメディアです。私は、出版物における時間的な制約に敏感な場所で仕事をしてきたわけです。ただし、雑誌にはいいところもあって、保存しておかなくてはいけないという空間的制約からは比較的自由だった。少し強引かもしれませんが、雑誌と図書館は、空間と時間とをお互いが補うような形で本の環境を作ってきたのではないか、と考えてみたわけです。

しかし、電子化によって図書館が変わってくるとすると、雑誌というメディアも変わらずにはいられない。そういう事態が、本の世界でもう一つ別な現象として起きていると思います。この後は、その具体的な例を紹介していこうと思います。

『本とコンピュータ』

これは私たちが作っている『本とコンピュータ』という雑誌のウェブサイトです。ここにはいろいろな記事のコンテンツがありますが、雑誌の記事というものは、ひとつひとつは読み捨てでも、ある程度たまってくると、ある種の図書館のような集積の力を持ってしまうことに気づきました。

これまで雑誌の編集をしてきた人間は、作っていた雑誌の過去の事はほとんど忘れてしまっていて、たまに読み返す事はあってもその過去に価値があるとはあまり思わなかった。

ところがインターネットで雑誌を作っていくと、一年もすると膨大な記事の蓄積ができてしまいます。それを読み返すとき、正直にバックナンバーを順に見ていってもいいのですが、雑誌は雑多なものの寄せ集めですから、ばくぜんと前の号を見ていても、ただ「古いもの」という意味しか出てきません。

ところが、記事の中身をジャンル的に解きほぐしていくと、記事のまとまりが一種のアーカイブになって、別の価値を生むことがある。そういうことに遅まきながら気づいたわけです。オンラインで雑誌を作っていくと、かならず過去の記事をアーカイブにして見せたくなります。それはあたりまえで、今までは一回作ったものは価値が無くて捨ててしまったものが、ネット上では溜まっていくことで新しい価値を生んでいくわけです。

使い捨てだったものが溜まっていくことで、フローの情報がストックとして価値を持つ、ということは、これまで編集の現場で実感したことがなかった。でもオンラインでメディアを作ってみて思ったのは、作った記事を使い捨てにしないで溜めていくと、あらたな価値を生むということです。これはオンライン雑誌にかかわらず電子メディアがもつ一般的な特徴です。

もしかすると、これは電子メディアに限らないことかもしれません。図書館というのはまさにそうです。図書館は、たくさんのものが集まることで、あらたな価値が生まれることをはっきり示してくれるものだと思います。

だとすると、電子ネットワーク上では、雑誌的に時間に限られたメディアを作っていくという作業と、長期的なストックを作っていく作業とが、互いに近づいていきます。これからは電子コンテンツをきちんと作っていくことによって、雑誌もまた、時間に限定されないある種の電子図書館を作れるのではないか。公共図書館が雑誌のバックナンバーを置いてくれなくても、ウェブ上で雑誌を作っている人間側が過去のバックナンバーをきちんと提示していけば、それを公共のユーザに提供できるわけです。

最後に、図書館の電子コンテンツをどのように収集して見せていくかという大きな問題があります。いままでも、CD-ROMのような電子的な出版物を図書館でもきちんと貸出そうという考えがありますが、さらにそれがすすむと、こういうWeb上の記事を、あとから読みたい人にどうやって提供していくか、という問題が出てきます。その場合、図書館がインターネット上の記事を全部ハードディスクにデータを落として貸出す、という考え方もあるのですが、電子出版物を出している出版社と提携して、過去の記事をとっておいてもらい、そこに電子図書館からリンクをはって読めるようにするというやり方もありうると思います。

そうなれば、これまで図書館が独占的に担ってきたデータの収集機能や利用機能を、ネットワーク上でいろいろな出版界のプレーヤーで分担できる。そのときには、そのパートナーとして、今まであまり図書館と連携してこなかった雑誌の作り手が重要になってくることもありうると思います。これまで、雑誌の仕事と図書館の仕事は縁遠いものと思っていたのですが、だんだん近づいていているように感じているのです。

これからの図書館

まとめのかわりに、私たちのような、本の仕事はしているけれども図書館の専門家ではない人間から見た場合、図書館はこれからどういう機能を持ってほしいのか、どんなものであってほしいのかを話します。

二枚目の資料はアメリカのパブリックライブラリーという考え方について書かれたものです。アメリカの公共図書館というのは日本でいうところの官立図書館ではなく、民間の投資で出来たものが公共図書館としての機能を果たしてきたという歴史的経緯があります。

西欧諸国の近代的な図書館は、王侯貴族が持っていた本のコレクションを、市民革命の後に市民社会に放出して、公共財として利用できるようになったものがひとつのルーツになっています。

日本では、近代化のベースとして江戸幕府の蔵書もあったとは思いますが、国の予算で本を買い集めたり、納本制度によって出版物を全部集めていくといった形で公共の本の集積を作ってきたようです。しかし、図書館はもともと個人の蔵書から始まっているわけです。

さきほど言ったように、本は最終的にはふたたび個人の蔵書になる。そのことの意味が存外大きいと思ったのは、本というものはつねに回っているからです。

たとえば、膨大な専門書を所蔵して亡くなった人がいるとします。多分その蔵書は一種の図書館になりうるでしょう。ある人が、ある観点で本を集めていった場合、個人の蔵書が図書館として生まれ変わるということは、今まで多々ありました。図書館がもつ意味は、法律や国が規定しているからという以前に、なによりもまず本の集まりです。その本の集まりはこういう観点によって集められたというコンセプトが重要です。図書館が持っている本のコンテキストが、図書館の正体であるということを、はっきりさせておくべきであると思います。

それからもう一つは、場所の問題があります。図書館の持つ空間の意味は大きくて、それが電子図書館になった場合どうなるのかという問題です。もちろんインターネットであればどこからでもアクセスできるわけですが、電子図書館もまた、つねに誰でも入れるという、敷居の低さをもつべきだと思います。

（プリントに）サイバースペース云々と書いてあるのですが、それはさきほど述べたように、電子ネットワークが普及していくと時間と空間の境界線を越えてしまうということです。図書館が雑誌のような機能を持つこともあるだろうし、雑誌のバックナンバーが図書館的な機能を持つこともある。多分、その両方を兼ね備えたものがアーカイブという考え方だと思います。

アーカイブというのは資料庫・文書館という意味ですが、図書館よりも間口の広い、あらゆるデータの収蔵庫だと私は考えています。図書館の場合だと書誌は本のタイトル・版元・出版年などが中心だと思いますが、これからは本の内容までふみこんで、それぞれの記事、写真、絵などの集結のアーカイブに変わっていくのではないか。

ではそう変わっていく図書館を誰が運営していくのか、もしくはそこでの司書の仕事とはどんなものになっていくか。制度というものは、だれが資金を提供するかで枠組みができてしまうことが多いわけですが、ここで「働く」ということはどういうことなのかを考えてみました。

図書館の司書や編集者や書店の店員は、ある意味で、皆似ている仕事だと思います。なぜかというと、かれらは著者でもないし、ただの読者でもない。著者と読者をつなぐ仲介者である。その仲介者の役割がこれから重要になっていくのではないか。これは希望的観測ですが、そういう予感があります。

図書館は図書館だけで孤立しているものではなく、出版者や書店、さらには読者や著者も含めて、本にかかわる人たちがたくさんいる中の、ある部分を担っていると思います。そうした人たちが同じようなテーマをめぐって悩んだり、共有したりが出来る時代ができてきたのではないでしょうか。

電子メディアや電子ネットワークが普及した時代に、本や図書館の環境はどう変わっていくのかについての、私の考えはこんなところです。

ただひとつだけ断っておきたいのは、紙の本がなくなって全部電子メディアになる、紙の本を集める図書館がなくなってすべてデジタルアーカイブになる、などとは思っていません。おそらく紙の本という物理的な本の役割は、相変わらず重要でありつづけるでしょう。それらとデータベースや電子テキストなどが縦軸と横軸のように絡み合いながら、お互い補い合うような感じで未来の図書館は形作られていくのではないかと思っています。

（二〇〇一年六月二八日収録）

解説

寺田光孝
筑波大学大学院図書館情報メディア研究科教授

筑波大学図書館情報専門学群・図書館情報メディア研究科の前身である図書館情報大学では、一九九八年六月に開学二〇周年創基八〇周年記念事業として、大学での講演録を『知の銀河系』シリーズとして刊行した。一九九八年の第一集から二〇〇二年六月まで計一〇集を刊行したが、幸い好評のうちに迎えられたので、この度『新集 知の銀河系』として再編集し世に問うことになった。新集第一集の本書には、旧『知の銀河系』第一集、第二集、第八集のなかから全部で六篇が収録されている。いずれも「図書館の現在」を知るうえで恰好の入門書としての内容をもつ。図書館の現在を知るとは、なによりも急激に変化する社会のなかで「図書館とは何か」を問うことである。

公共図書館が郷土史家や好事家など一部住民のものからすべての住民に必要不可欠なものに大きく様変わりしたのはそう昔のことではない。日本の公共図書館は一九七〇年代から飛躍の時代に入り、図書館が住民にとって身近な存在になった。公共図書館が図書による知識普及という社会教育機能を担う主要な機関であるとする図書館理念は明治以降図書館人によって叫び続けられてきた。こうした図書館理念の啓蒙時代が長く続いたといってもいいであろう。戦後になって社会教育が民主主義や民主主義教育と結びついて図書館の存在意義が強調されてきた。ランガナータンの図書館学の五原則にいう「本はすべての人のためにある」や一九四九年のユネスコ宣言に見られる「人民のために人民によって運営される民主的な機関であること」などがその代表的な言説である。民主主義社会を担う人々の自立を促すという思想である。しかし、戦後の一九六〇年代になってもわが国の公共図書館は理念が先行し、実態は依然停滞したままであった。一九六三年の『中小都市における公共図書館の運営』、いわゆる『中小レポート』の刊行に始まる、日野市立図書館の活動や、『市民の図書館』（一九七〇）の刊行の流れは停滞から飛躍への一大転換をもたらした。図書館が住民や市民といった普通一般の大衆のものとなったのである。公共図書館が住民に身近な存在として定着すると、様々な館種で多様に機能している図書館も公共図書館の在りようで見られ、イメージされがちである。公共図書館像が貧弱であれば、図書館もまた人々にとっては遠い存在であり、聖なる避難所の古いイメージがつきまとう。図書館が住民に身近な存在となり、住民主体の図書館に変わることで図書館は理念啓蒙の時代から漸く脱皮することができた。

　こうした転換は、今日では伝説的に語られる日本図書館協会事務局長の有山崧の戦略的な取り組みや前川恒雄などを代表とする図書館人の奮闘があったことは疑いないが、同時に図書館の利用者たちが、一部の閑人から大衆へ様変わりするには日本社会の変貌があったことも間違いないであろう。一九七〇年代は高度成長の時代であり、一方で都市化現象、メガロポリス化現象が顕著に見られるとともに、他方で「列島改造」に見られるように、都市と農村の平準化が急激に進んだ時代でもある。こうした背景から公共図書館の新しい活動は東京や大阪などのメガロポリスの近郊都市に発し、地方都市へ、そして農村にいたるまで波及していった。図書館の設置率が限りなく上昇していったのである。

　しかし、一九七〇年代以降は国内的な変化に加え、地球規模の世界的な変化、より根源的な社会変化に見舞われることになった。一九七〇年代に入ると情報化社会ということがいわれるようになった。ダニエル・ベルの『脱産業化社会の到来』（一九七三）は、サービス業へシフトする産業構造の転換から未来社会を予言したが、さらに一九八〇年にはアルビン・トフラーが『第三の波』で産業社会の変貌を文明論の視点から論じ、工業社会・産業社会の規格化、分業化、同時化、集中化、極大化、中央集中化といった社会固有のコードが今や揺らぎつつあることを示した。トフラーが新しい社会として描いた予測が果たして的中するか否かは必ずしも分明ではないが、産業社会の持つ指標が崩れつつあり、社会が急激に変化しつつあることには多くのひとが実感を伴いつつ首肯せざるを得ず、それだけに本書に衝撃を受けたひとも多いに違いない。今日の社会、急激に変化する社会実態はコンピュータリゼーションやエレクトロニクス革命による「ネットワーク社会」という言葉でいい表わされている。

一九七〇年代の飛躍の時代から、日本経済のバブル期を経て開花、定着を見るようになったものの、バブル崩壊後、国及び地方公共団体の財政の悪化、急速に進んだ図書館のコンピュータリゼーションなどで、公共図書館は曲がり角に来ているともいわれている。現在の図書館には間違いなく変化の波が押し寄せてきている。図書館は新たな可能性の展望を得るのであろうか。あるいはこれまでの図書館は消滅するのであろうか。可能性への期待と失われていくものへの不安が交々《こもごも》にあり得よう。図書館は果たしてどのように変わっていくのであろうか。そしてまた変化の兆しはどのように表れているのであろうか。「図書館の現在」がこうした文脈で読まれるとすれば、論者の考えが一層明確になると思われる。

本書の冒頭三篇は一九九八年一月に図書館情報大学でおこなわれた「通信衛星を利用した公開講座」の講義録から収録されたものであり、「図書館はなぜ必要か」、「本と情報を探す」、「ディジタル図書館」の三篇は現職者を対象にした講義内容である。

「図書館はなぜ必要か」の冒頭で薬袋秀樹氏は、多くの市民が図書館の設置を熱心に求め、また、設置された図書館は多くの市民によって利用されているが、図書館がなぜ必要なのか、また設置された図書館がどのような役に立っているのか、その基本的なコンセプトが確立しておらず、コンセプトの共有がなされていないと述べている。基本的なコンセプトの共有に至らないのは、なぜ必要なのかという原理原則の議論が少ないことと関係しているとする。「図書館とは何か」、これは誰もが理解しているようでいて、本質的な回答をするのは結構むずかしいことを誰もが感じているところである。薬袋氏は、この問いに対する一つの解としてし、図書館の機能を解かりやすく解説することで答えている。この意味で氏の講義はきわめて基本的な公共図書館入門としての役割を果たしているともいえる。氏は図書館資料と資料利用、読書と学習、生涯学習と図書館、図書館と自治体の関係など公共図書館の果たす多様な機能について説明しているが、次の二つの点に特に注目したい。一つは生涯教育での図書館の重要性の指摘であり、もう一つは地方活性化の拠点としての図書館という指摘である。氏は社会教育と生涯教育の差異、社会教育から生涯学習への転換といった点についてはこの講義では明確に論じてはいないが、価値観の安定した社会での生涯をとおしての学習という意味あいよりも、価値観が変動する社会においてこそ生涯学習が意味を持ち、そうした前提で生涯教育が語られていると考えられる点である。第二の点では、「まちづくりと図書館の本質的なかかわりは、生涯学習と調査研究によって、住民と自治体職員の知的活動を活性化し、そのことによって地域全体を活性化させるところにあり、……今後、地方分権化が進むと、このような役割がますます重要になると思われる」と述べており、地方分権化の時代への推移が前提にされていることは明かである。

「図書館はなぜ必要か」、これ自体啓蒙的な言辞であるが、その対象は自治体のトップや財政担当者に向けられているのであって、これまでのような市民、住民への啓蒙の視点はもはやみられない。大衆に問いかけているのでなく、自立した大衆を前提にしているところに、公共図書館の現在があるように思われる。

第二の講義録緑川信之氏の「**本と情報を探す**」は、情報爆発がいわれて久しいなか、図書館がこれまで最も得意としてきた情報検索の分野の話であり、この講義で緑川氏は、本の探し方と情報の探し方についてのマニュアル検索とデータベース検索について分かりやすく解説している。これまで冊子で出ていた書誌・索引類のデータベース化が進んでいるが、現時点ではなおマニュアル検索とデータベース検索の併用が必要である。今後フルテキスト・データベースが増加すればするほど、解決を要する事柄も増えていくであろうし、著作権など未解決な問題も少なくない。さらに、情報爆発に関して付言すれば「情報が爆発的に増加しているのは事実である。今日の社会には、かつてないほど多くの情報があふれている。だが、それによって知識が爆発的に増加したわけではない」というベルの言葉が示唆的な言辞である。検索機能が期待される所以である。

田畑孝一氏の講義録「**ディジタル図書館**」は、図書館の現在を知るうえで最も興味あるテーマであるが、ディジタル図書館が登場し始めた頃のものである。この講義で問題にされている項目は、ディジタル図書館の性格、媒体としての電子媒体、ディジタル図書館の最大の問題である著作権の問題など幅広く、奈良先端科学技術大学院大学、文部省学術情報センター（現在国立情報学研究所）、国立国会図書館、同館支部上野図書館の国際こども図書館の実情を紹介しており、電子図書館とは何か、またその現状はどうかを知るうえで、よき入門篇となっている。先ずインターネットを通じてのパソコンと世界中の図書館との連結というディジタル図書館の基本的な性格が述べられている。リアルタイムで空間を飛び越えるという性格である。次に紙媒体から電子媒体への転換を「ページイメージとフルテキスト」の形で説明している。ディジタル図書は、全文検索が可能なフルテキストと画像、音声の組み合わせたマルチ・メディアが可能であることももう一つの特徴である。

電子図書館の具体例として奈良先端科学技術大学院大学での電子図書館を紹介している。しかし、この電子図書館も現在の時点では実験段階のようである。というのは、外部からのアクセスがかなりの数にのぼるものの、検索した文献の中味を見ることができるのはアクセス権を持つものに限られているからである。次に、文部省学術情報センター（現在国立情報学研究所）の例を紹介している。ここでなされているのはプロジェクトに参加した学会の学術雑誌のディジタル化の試みであり、統合的な電子ジャーナルといえよう。このほかに、国立国会図書館の貴重資料のディジタル化、同館支部上野図書館の児童図書検索システムの紹介もある。

この講義で田畑氏は、空間を超えて世界の図書館へのアクセスの可能性、マルチメディアとしてのディジタル図書館の性格に加え、ディジタル図書館の社会的可能性について述べているが、それは受信者と発信者の双方向性についてである。氏はトフラーの第三の波に託して、図書館における第三の波がディジタル図書館であると述べる。「第一の波の時代は図書目録カード、第二の波がＯＰＡＣと図書情報検索システム、第三の波がこれからのディジタル図書館ということになりますが、それらが対象とする内容は、第一の波、第二の波ではいずれも書誌情報でしたが、第三の波では全文情報となるわけです。」第一、第二の波では情報の発信者と受信者が異なるが、第三の波のネットワーク・コミュニティでは受信者が発信者ともなるところに社会的な在り方の変化があり、そこに相違を見ている。トフラーのいう生産＝消費者（プロシューマー）に当たるものであろうか。

田畑氏はディジタル図書館はまだ始まったばかりであることを強調している。現在のところまだ実験段階であるようだが、その出現は将来に可能性をもたらすことは疑いない。よく知られているように、ロジェ・シャルティエは、電子図書館に「壁のない図書館」の比喩でその可能性を語っている。図書館の壁の比喩は、利用者の壁、制限された利用者についても用いられたこともあったが、シャルティエの言う壁は、図書館の物理的な壁のことである。古代から延々として一つの建物にすべての本、すべての知識を集積しようとの努力がなされてきたが、物理的な壁は如何ともしがたく立ちはだかってきた。叢書や集成・精華集など百科事典的な営為はこのギャップを埋めるための作業であり、世界書誌もまたこのギャップに対する非物質的な解決法であった。テキストが図書という物体に閉じこめられている以上不可能であったこの対立はテキストが物体から解き放たれるにおよび、壁のない図書館が実現する可能性が拓ける。われわれがこれまで経験してきた以上に知識の殿堂に近づくことができる。

しかし、未来に明るい将来があるだけでなく、同時に不安や危惧の念も消すことは出来ないのも事実である。シャルティエはテキストのモノとしての変化、つまり媒体の変化は読書の読み方を変えることも示唆しているからである。端的にいえば、これまでの読書が消え、図書館のコレクションは死蔵物になっていくのではなかろうかという問題である。

植松貞夫氏の「**暮らしと共にある図書館——北欧の図書館と図書館建築**」は在外研究員としてのスウェーデン滞在での体験をもとにしたスウェーデンの図書館の現状の紹介である。図書館ほど世界の同時性、共通性を強くもつ施設も他にないであろうが、それにしても図書館は文化施設であり、風土、国民性、伝統のなかで培われた文化基盤の違いがそれぞれの国の図書館施設を形成し独自の特徴を持つことはいうまでもないであろう。この意味では、北欧図書館の紹介はいわば図書館世界における文化人類学的なアプローチと云える。北欧図書館は二〇世紀に入りイギリスの影響を強く受け、図書館が生活のなかに根を降ろしているものの、独自の展開が見られる。

人口稠密度の低さ、長い冬場、ルター派の伝統、自治体の権限の強さなどの生活基盤のなかで図書館が住民に浸透してきた伝統について述べられ、続いて(一)冬の施設、(二)生活情報のセンター、(三)本の価格の高いことによる図書館への依存の高さ、(四)図書館専門職の確立、(五)移民に対する多文化サービス、(六)料金の一部課金性などについて図書館の特色が述べられている。また、最近の傾向として、国、地方自治体での財政の逼迫による貸出しなどのセルフサービスについても紹介されている。わが国と比較し、延滞料金の制度や公貸権制度などの制度の違い、住民の情報センターとしての図書館の役割の違い、貸出・返却のセルフサービスなどサービスの違いなどが興味ある特徴であるようだ。スウェーデンに見られるこうした北欧の事例はヨーロッパ中央に対する、地方色、ローカル性の観点から眺めることを可能にさせる点で「図書館の現在」を考える一視点を提供している。

玉井克哉氏の「**図書館と著作権制度**」は、著作権の持つ基本的な性格と現在直面している問題点がよく分かる講演内容である。著作権にまつわる様々な問題点を考えるうえで、恰好の題材を提供している。著作権法は一九七〇年にベルヌ条約のパリ改正（一九七一）に対応すべく作られたもので、それ以後毎年のようにパッチワークのつぎはぎのように改正されてきていることが先ず述べられている。抜本的な改正が行われ難いのはベルヌ条約という国際条約に規定されているからで、一八八六年という古い時代に出来た法律の枠組みを変えることなく新しい状況に当てはめる必要から様々な問題が生じていると説く。玉井氏はこの講演で二点の指摘をしている。第一点は小説、絵画、音楽を想定して一〇〇年前に作られている法律でコンピータ・プログラムの著作物とかデータベースの著作物とかについて解釈することに無理があると指摘する。現在では何が著作物であるかの限界が分かりにくくなっている点の指摘である。第二点は著作権の複製権に関して、デジタル通信の時代に公衆送信権が加わり、複製権を公衆送信にまで拡大しているところに現実とは逆向きに大きな問題を生じさせていることを公共図書館での朗読サービスを例にとり力説する。氏は結論として利用者側の声をもっと出すべきという。著作権が重要視される社会になればなるほど公正使用の観点もまた強調されるべきであろう。

出版電子化と新しいライブラリー

「出版電子化と新しいライブラリー」はオンライン雑誌『季刊・本とコンピュータ』の編集に携わる仲俣暁生氏の講演であり、いわば出版の現場からの報告である。まず、これまでの出版社も電子出版を行わざるをえない状況にあり、こうした電子出版が加速して「オンライン書店」も現れつつある、というのが出版界での状況把握である。すべての情報が物理的な「本」のかたちにパッケージされていた時代から、電子書籍、CD-ROMのようにパッケージされた電子出版物へ、さらにはすべてのコンテンツが公開されるかたちで物理的なかたちを越えての出版の時代へと出版の概念が変わっていく、との認識である。出版の概念が変われば、情報の集積とその利用も変わる、図書館も変わらざるを得ないというのが、氏の論理的な帰結であり、こうした状況変化にいかに対応し、図書館のもつ社会機能をいかに発揮すべきか、これが氏の新しいライブラリー像ということになる。

こうした視点から氏はアメリカの議会図書館の「アメリカン・メモリー」プロジェクトを高く評価する。アメリカ文化の諸相を文字情報にとどまらず、画像や音声まで含め網羅的に収集、集積して、それらをインターネット上で戦略的に公開するという企画である。

他方日本で試みられている電子図書館は、大学図書館の電子図書館に見られるように学内的な学術文献利用が目的であり、まだまだ限定的であり、むしろボランティアが中心となって著作権の切れた古典等の著作を電子テキストとして集積し公開する「青空文庫」のようにこれまでの図書館の本流の外に形成されつつあると指摘している。

氏はまた、オンラインの雑誌づくりの体験のなかで、これまでの雑誌づくりの関心が編集・出版、販売までが射程であったのに対して、オンライ雑誌では雑誌情報の集積をも行ってしまう。雑誌のアーカイブが出来ることに気づいたと語っている。電子出版は、これまでの図書館の外にもう一つの図書館を作ってしまう。それゆえ、ディジタルアーカイブが形成される時代には図書館、出版社、書店の緊密な連携が必要になり、司書、編集者、書店員が、著者と読者を含みそれぞれの部分を担当する時代になると推定している。とはいえ、仲俣氏もこれまでの紙媒体主体の図書館が消滅するとは考えていない。活字本と電子テキストは縦糸と横糸のように相互補完的に進行するだろうというのが氏の推測である。

以上の六編に共通するのは、情報化社会、ネットワーク社会が図書館の現実の環境になってきていることの認識である。こうした環境下での図書館の問題は大きく三つの問題に集約されるであろう。第一の点は、電子テキストが普及、浸透しつつあることである。媒体・メディアの変遷は、今後の技術の進展の問題とも関連するであろうが、高い可能性を秘めている。しかし、現在のところこれらの電子出版という情報資源に対応して共同利用を図る社会機関、本来の電子図書館には成長していない。未だ試行段階であり、紙媒体の変換物に対応しているのが現状である。直ちに紙媒体の図書館に取って変わる段階にはない。第二点は、社会変化のなかでの図書館機能の変化の問題である。生涯学習に象徴される社会変化において図書館機能もまた変化する。多様な読者の出現といえばよかろうか。一方で自立した大衆が図書館を利用する。他方で読書形態の変化に由来するコラージュ能力、編集能力は高いが読書離れに拍車が掛かる大衆も図書館の利用者となる。読者としての定型は崩れ利用者＝読者が限りなく多様化する。この点本書は種々の示唆を与えている。第三点はこれまで通りの旧来の図書館の生き残りの問題である。コンピュータはコンピュータによって図書館があらゆる知識を収蔵するという人類の夢を可能にするすぐれものであるが、同時に機械は機械であり、道具である。かつてコンピュータが話題にのぼり出し、コンピュータが人間の頭脳に近づくには丸ビルほどの容量のものが必要であるといわれた頃、「『人工頭脳』を考え出したのは人間だが、『人工頭脳』は何一つ考え出しはしない」

と小林秀雄は切り捨てたことがあった。今日超ＬＳＩにより、「人工頭脳」は領域によって個々の人間以上の驚異的な働きをする時代になっても、近年刊行された『ケータイを持ったサル』で正高信男は最新の機器を上手に使う若者に著しい社会的退化が見られることを立証している。

　図書による知識普及という啓蒙理念は死滅する可能性が高いが、図書そのものが死滅することはない。これまでの図書館もしぶとく生き残るであろう。月並みではあるが、これまでの図書館と電子図書館の混成・共存の形に落ちつくであろうし、図書館の将来は電子図書館の可能性が追求されるであろうし、社会変化のなかで図書館機能の再構築が図られるであろう。そうした予感に充ちた試行錯誤の手探りの状況が「図書館の現在」ともいえよう。

図書館
情報学叢書

新集 図書館情報大学講演録
知の銀河系1 図書館の現在

二〇〇四年八月二〇日　初版第一刷発行

編　集　筑波大学大学院図書館情報メディア研究科
日本図書館協会

発行者　社団法人 日本図書館協会
東京都中央区新川一―一一―一四
郵便番号　一〇四―〇〇三三
電話　〇三―三五二三―〇八一一（代表）

印刷所　船舶印刷株式会社

装　幀　藤田莞爾

ISBN4-8204-0421-0 C0200 ¥940E
JLA200421 定価：本体940円（+税）

社団法人
日本図書館協会
入会のお誘い

日本図書館協会をご存知ですか？　明治25年その前身である「日本文庫協会」の設立から約110年の間、日本の図書館事業の発展を願う会員によって、支えられてきた、わが国の図書館界を代表する総合的な全国組織として知られています。

その歴史を振り返ると、わが国のさまざまな図書館界の動きと表裏一体をなしながら、広く社会文化・学術研究の基礎となる図書館の振興運動に努めてきました。

全国の図書館員が毎年集う「全国図書館大会」は平成16年で90回、機関誌『図書館雑誌』は通巻970号を数えるまでになりました。

国際的には諸外国の図書館との交流を重ねると共に、国際的な専門職能団体であるIFLA（国際図書館連盟）とは創設以来わが国を代表する機関として、深いつながりをもち、1986年には、その世界大会を東京で開催いたしました。

いま日本図書館協会は、今後の図書館振興を支え、ともに考え、行動し、これからの日本の図書館界に清新な活力を注いで下さるみなさまの参加を求めています。日本図書館協会への入会を心からお願いします。

＊

会費	個人会員	年額	9,000円		
	施設会員	年額	50,000円 （A 会員）	37,000円 （B 会員）	23,000円 （C 会員）
	学生会員	年額	8,000円		

機関誌『図書館雑誌』は図書館に関する情報が満載されています。
就職に関する事など、きっとあなたのお役に立つことでしょう。

●入会案内をさしあげます。日本図書館協会事務局へお申しつけ下さい。